Der Meister, der Träume schicken konnte

Das Buch der Heiligenlegenden

www.herder.de

Satz und Reproduktion: Reprographia Medienhaus-Lahr
Druck und Einband: Tesinska Tiskarna 2007

ISBN 978-3-451-28582-0

Erich Jooß · Renate Seelig

Der Meister, der Träume schicken konnte

Das Buch der Heiligenlegenden

HERDER

FREIBURG · BASEL · WIEN

Inhalt

Der Säulensteher

(Simeon / 5. Januar)

Simeon erblickte das Licht der Welt in einem kleinen Dorf an der syrischen Grenze. Er war der Sohn einfacher Bauern. Als Knabe hütete er die Ziegenherde seines Vaters. Eines Tages wurde er von einem Traum überrascht, den er sich nicht erklären konnte.

Simeon hatte das Grab eines Heiligen besucht und an diesem Grab gebetet. Während er noch auf der Erde lag und mit Gott sprach, fühlte er sich plötzlich wie zerschlagen. Seine Glieder waren gelähmt, und er brachte die Augen nicht mehr auf.

Nach einer Weile begann er zu träumen, dass er die Erde für den Bau einer Kirche aushob. Immer tiefer musste er graben. Jedes Mal, wenn er müde den Spaten aus der Hand legen wollte, beschwor ihn eine Stimme, nicht aufzuhören. So plagte er sich ab, bis er kaum noch den Lichtrand der Grube sehen konnte. Dann, plötzlich, schwanden ihm die Kräfte, und die Stimme sagte: „Das Schwerste jetzt hast du getan. Was danach kommt, wird leichter für dich."

Als Simeon erwachte, war er ein anderer Mensch geworden. Das Leben eines Hirten, der seine Herde in dem kargen Land von Brunnen zu Brunnen führte, genügte ihm jetzt nicht mehr. Er spürte eine innere Unruhe, die mit jedem Tag größer wurde. Die Stimme aus dem Traum klang nach in ihm. „Was soll ich tun?" dachte er.

Schließlich klopfte er an die Pforte eines nahen Klosters und bat um Aufnahme. Der Vorsteher des Klosters, Abt Timotheus, erkundigte sich vorsichtshalber nach seiner Herkunft. Doch Simeon wehrte die Frage unwillig ab. „Warum interessieren dich meine Eltern? Ich bin es, der vor dir steht", sagte er nur. Weil diese Antwort dem Abt gefiel, hieß er den Bittsteller willkommen. Aber bald merkte Simeon, dass er etwas anderes gesucht hatte. Er wollte viel strenger leben als seine Mitbrüder. Deshalb zog er in ein benachbartes Kloster, das für seine harten Fastenübungen bekannt war.

Der Abt des Klosters hieß Heliodor und wurde überall im Lande geachtet. Mit wachsendem Befremden beobachtete er, welchen Eifer Simeon entwickelte. Wenn die

Brüder zwei Tage hungerten, nahm er eine ganze Woche keine Speisen zu sich, und wenn sie nach ihrem nächtlichen Gebet wieder schliefen, stellte er sich heimlich auf einen Holzpfosten vor der Kirche und sprach weiter mit Gott. Irgendwann in der Morgenfrühe aber wurde er seiner Müdigkeit nicht mehr Herr. Dann verlor er regelmäßig das Gleichgewicht und stürzte vom Pfosten.

„Das geschieht mir ganz recht", murmelte Simeon, während er die schmerzenden Stellen seines Körpers rieb. „Ich war unaufmerksam." Bald genügte ihm diese Übung nicht mehr. Deshalb grub er in einer Ecke des Klostergartens ein Loch, in dem er wochenlang aufrecht stand und betete. Gleichmütig erduldete er die Sonne, die seine Haut verbrannte, bis sie ganz schwarz wurde. Auch den Nachtfrost und den Regen nahm er klaglos hin.

Zehn Jahre verbrachte Simeon in diesem Kloster, bis ihn der Abt schließlich aufforderte, wieder zu gehen. „Ich möchte nicht, dass die Brüder deinem Beispiel nacheifern und ihren Körper zu Grunde richten", sagte er zu Simeon, der noch am selben Tag die Sandalen schnüren musste. Auf seinem Weg durch das nahe Gebirge entdeckte er eine Zisterne. Sie war halb verfallen und längst ausgetrocknet. Der leere Schacht zog Simeon geheimnisvoll an. Obwohl er sich fürchtete, stieg er in die Tiefe, um dort unten, auf dem düsteren Grund des Brunnens, Gott zu loben. Sieben Tage teilte er seinen Aufenthalt mit Schlangen und Kröten. Inzwischen hatte der Abt Heliodor vom Tod des verstoßenen Bruders geträumt. Erschrocken sandte er seine Mönche aus, die Simeon nach einer mühsamen Suche an das Tageslicht zogen. Wenn er nicht mit schwacher, aber vernehmbarer Stimme gebetet hätte, wären sie achtlos an der Zisterne vorübergegangen.

Simeon erholte sich bei den Brüdern und verschwand dann wieder. Am Fuße des Berges Talanissa entdeckte er eine verlassene Klostersiedlung, in der nur noch Vögel und Füchse hausten. Schon lange hatte er sich vorgenommen, einmal wie Jesus vierzig Tage ohne Nahrung zu leben. Das ist der richtige Ort für mein großes Fasten, dachte er und bat einen Priester, ihn in eine leere Zelle des Klosters einzumauern. „Wenn du verhungern willst, musst du nicht stolz darauf sein", entgegnete der Priester. „Vor Gott ist das eine schwere Sünde und keine wunderbare Tat."

Diese Worte gingen Simeon durch den Kopf. Als er seine Bitte nach einer Weile wiederholte, fügte er deshalb besänftigend hinzu: „Gib mir ein paar Brote und stell mir

einen Krug mit Wasser in die Zelle. Sobald meine Kräfte schwinden, werde ich davon essen und trinken." Wie vereinbart, brach der Priester nach vierzig Tagen die Mauer wieder auf. Er fand Simeon schwer atmend und kaum noch fähig, sich zu bewegen. Die Brote aber lagen unversehrt neben ihm. Nicht einmal den Wasserkrug hatte er angerührt. Der Priester befeuchtete Simeons Mund mit einem Schwamm und ließ den Geschwächten Lattich und Endivien kauen. So kam er langsam wieder zu Kräften. Von nun an hielt Simeon jedes Jahr ein vierzigtägiges Fasten ab.

Drei Jahre verbrachte er in dieser Klostersiedlung, dann stieg er auf den Berg Talanissa. Dort oben gab es kein Haus und kein schützendes Dach, nur einen verwilderten Garten, der von einer mannshohen Mauer umschlossen war. Irgendjemand hatte vor vielen Jahren, vielleicht schon vor Jahrhunderten, die Steine zu der Mauer aufgeschichtet. Jetzt wurde sie allmählich vom Regen ausgewaschen, und der Nachtfrost tat ein Übriges.

Auf dem Berg Talanissa spürte Simeon wie nirgendwo sonst, dass alles verging, selbst die steinernen Bauwerke. Eines Tages ließ er sich im Garten an einen Felsen ketten. „Dadurch wird mein Geist umso freier für Gott", verkündete er den Menschen, die zu ihm pilgerten. Sie baten um seinen Segen. Manche wollten auch nur sein Gewand berühren, so sehr verehrten sie ihn. „Wer weiß, vielleicht ist er ein Abgesandter Gottes?" flüsterten sie sich zu. Verstohlen blickten sie dabei auf Simeon, der ihnen fremd und seltsam entrückt erschien.

Mit jedem Tag nahm die Zahl der Pilger zu. Bald wusste Simeon nicht mehr, wie er sich gegen den Andrang wehren sollte. Da er angekettet war, musste er die fromme Neugierde auch dann noch erdulden, wenn sie ihm lästig wurde. Lange Zeit sann er vergeblich auf einen Ausweg, bis ihm ein kühner Gedanke kam. Wo war er geschützt vor jeder handgreiflichen Verehrung und trotzdem den Menschen nahe? Wo konnte er, für alle sichtbar, zwischen Himmel und Erde leben?

„Auf einer Säule", lautete Simeons Antwort, die selbst seine Anhänger erschreckte. „Jetzt ist er doch noch verrückt geworden", dachten sie kopfschüttelnd.

Aber Simeon blieb bei seiner Absicht. Die erste Säule, die für ihn errichtet wurde, hatte eine Höhe von fünf Metern. Die dritte und letzte erreichte zwanzig Meter. Auf dieser Säule verbrachte Simeon mehr als zwei Jahrzehnte. Der Platz für ihn war so klein, dass er weder liegen noch richtig sitzen konnte. Wenn er einschlafen wollte, diente ihm

ein Geländer als Stütze. Einmal in der Woche bat Simeon um einen Korb mit Speisen, den er zu sich heraufzog. So stand er jahrein, jahraus wie ein Hirte, der über seine Herde wacht.

Mit der Zeit brachen überall an Simeons Körper Geschwüre auf. Seine Augen erloschen und seine Stimme wurde immer leiser, bis sie dem Flüstern des Windes im Gras glich. Dennoch hörte Simeon nicht auf, mit Gott und mit den Menschen zu reden. Von weit her strömten inzwischen die Pilger herbei. Schon in den frühen Morgenstunden warteten sie auf seine Predigt. Juden und Perser, Armenier und Äthiopier, Araber und Ägypter versammelten sich um die Säule. Ihr babylonisches Sprachengewirr verstummte sofort, wenn Simeon an das Geländer trat.

Obwohl er in seiner luftigen Wohnung nur noch von den Vögeln besucht wurde, blieb ihm nichts auf der Erde verborgen. Er geißelte den Wucher der Geldverleiher, schlichtete Streitigkeiten zwischen den christlichen Gemeinden und rief die Reichen dazu auf, den dritten Teil ihres Vermögens für die Armen zu spenden. War Simeon wirklich ein Narr, wie manche weiterhin meinten?

Selbst diese Zweifler staunten über den festen Glauben des Säulenstehers. Durch nichts ließ er sich von seinem Gottvertrauen abbringen, nicht einmal durch ein Erdbeben, das ganz Antiochien verwüstete. Dem Beben war ein dumpfes Grollen vorausgegangen – so, als würden sich die Pforten der Hölle öffnen. Auch die Säule wurde geschüttelt. Sie schwankte und knirschte, sie bog sich und glich einem Halm, den der Sturm niederdrückt. Während der ganzen Zeit betete Simeon für die Menschen, die voll Entsetzen aus der befestigten Stadt zu ihm geflohen waren. Mit erhobenen Händen stand er dort oben unter den fliehenden Wolken. Wie verloren wirkte er und ging doch nicht verloren.

Wer Simeon bei diesem Erdbeben erlebt hatte, glaubte auch den Wunder-geschichten, die bald danach in Umlauf kamen. Überall wurden sie erzählt. „Der Säulensteher kann sogar Blinde und Taube heilen", sagten die Menschen in Antiochien. „Wenn er Lahme segnet, erheben sie sich und gehen fort wie Gesunde." Eines Tages, so steht es in den alten Büchern, erschien auch ein furchtbarer Drache aus der Wüste vor Simeons Säule. Ein Ast hatte das rechte Auge des Ungeheuers durchbohrt. Es wand sich vor Schmerzen und klagte dem Säulensteher sein Leid, während die Pilger schreckensbleich entflohen.

Auf Simeons Geheiß rollte sich der Drache um die Säule. Bereitwillig zeigte er dem Einsiedler sein entzündetes Auge. Kaum hatte Simeon das Zeichen des Kreuzes über dem Drachenhaupt geschlagen, da trat der Ast zusammen mit Eiter und Blut aus der Wunde.

Durch einen einzigen Hieb seines gewaltigen Schwanzes hätte das Ungeheuer die Säule knicken können. Statt dessen seufzte es und entließ ein paar Rauchwolken aus seinen Nüstern, bevor es sich dankbar trollte.

Simeon starb an einem Freitag im Jahr 459. Zuletzt war er immer stiller geworden und hatte sich kaum noch bewegt. So merkten die Beter am Fuße der Säule erst nach drei Tagen, dass er nicht mehr bei ihnen weilte.

Die Bärengeschichte

(Severin / 8. Januar)

Schon so lange hatte es in Noricum keinen Frieden mehr gegeben. Zuerst waren die Hunnen über das Land an der mittleren Donau hergefallen. Die kleinen, flinken Krieger verwüsteten die Fluren und setzten die befestigten Siedlungen der Römer in Brand. Wer nicht fliehen konnte, wurde erschlagen oder verschleppt.

Nach dem Tod des Hunnenkönigs Attila hofften die Bewohner der Provinz vergeblich auf eine Wendung zum Besseren. Denn jetzt wurden sie von den vorrückenden germanischen Völkern bedrängt. Wieder färbte sich der Himmel blutrot über den brennenden Dörfern und Städten. Niemand wagte sich ohne Schutz ins Freie.

Wie Gefangene lebten die Menschen hinter den Wällen der römischen Lager. Währenddessen verfaulte das Korn auf den Feldern und das Obst an den Bäumen. Nur noch selten und schließlich überhaupt nicht mehr erhielten die Soldaten ihren Sold aus dem fernen Rom. Sie waren so hungrig und verzweifelt, dass sie sogar ihre Waffen gegen einen Krug mit Öl oder gegen einen Brotlaib eintauschten.

Mitten in diesen Wirren, mitten im Elend, tauchte Severin auf. Keiner wusste, woher der Mönch gekommen war. Viele meinten, er stamme aus dem Morgenland und habe wie Jesus eine Zeitlang als Einsiedler in der Wüste gelebt. Der heilige Mann schwieg zu solchen Vermutungen. Nicht die Vergangenheit, nur die Gegenwart mit ihrer schrecklichen Not zählte. Gott hatte ihn nach Noricum geführt. Hier wartete eine Aufgabe auf Severin, hier wurde er gebraucht.

Vom ersten Tag an vertrauten die Menschen dem fremden Mönch. Severin war ein starker Beschützer. Selbst die germanischen Krieger wichen ehrfürchtig vor ihm zurück, wenn er mit ihren Fürsten verhandelte, um Gefangene auszulösen. Bald sprach sich herum, dass er auch über die Gabe der Weissagung verfügte. Immer wieder warnte Severin vor Überfällen und kündigte großes Unheil an. „Wacht auf", rief er beschwörend. „Fastet und betet mit mir! Der Herr des Himmels und der Erde bewahre uns vor allem Entsetzlichen!"

Noch mehr als die Raubzüge der Germanen fürchteten die Leute den kalten, nassen Winter. Dann vereisten die Straßen, oder sie wurden unterhöhlt und ausgeschwemmt von den Flüssen, die über ihre Ufer traten. Wer jetzt keine volle Vorratskammer hatte, musste hungern, weil die Händler ausblieben und es nichts mehr zu kaufen gab.

In einem dieser Winter wollte ein Freund des Heiligen den Menschen an der Donau helfen. Maximus, so hieß der Mann, sammelte im Süden der Provinz warme Kleider und Nahrungsmittel. Für den Transport warb er Träger an, die er über die Berge führte, denn er kannte den Weg und war ihn schon mehrfach gegangen. Voller Vertrauen folgten ihm die Männer, obwohl sie sich vor den schroffen Felsen und den Abgründen fürchteten.

Mit ihren schweren Bündeln auf dem Rücken kamen sie nur mühsam voran. Als sie den höchsten Alpenpass erreicht hatten, setzte die Dunkelheit ein. Da es gleichzeitig zu schneien begann, suchten sie Zuflucht unter den Zweigen eines mächtigen Baumes. Während der Nacht fielen unaufhörlich Flocken vom Himmel, so dass die Helfer am anderen Morgen in einer tiefen Schneegrube erwachten.

Ringsum türmten sich die weißen Massen. Völlig fremd sah das Land aus. Alle Straßen waren verweht; auch die Meilensteine, die sonst immer als Wegweiser dienten, lagen unter dem Schnee. Maximus wusste nicht mehr, wohin er sich wenden sollte. Verzweifelt barg er den Kopf in den Händen. Auf einmal hörte er ganz nahe an seinem Ohr die Stimme des heiligen Severin. „Geh weiter", drängte der fromme Mann, „und fürchte dich nicht. Du wirst Hilfe bekommen."

Diese Stimme verlieh Maximus neuen Mut. Er feuerte die Träger an, kämpfte sich mit ihnen durch den schweren, nassen Schnee. Nach einer Weile stießen sie auf einen gewaltigen Bären. Das wilde Tier richtete sich auf. Es musterte die Männer, beschnüffelte sie prüfend, dann setzte es sich in Bewegung und lief vor ihnen her.

Hatten sie den Bären vielleicht sogar aus seinem Winterschlaf geweckt? Er schnaufte und brummte. Wie ein zotteliger Riese bahnte er sich einen Weg durch die Schneewechten. Dabei blickte er immer wieder zurück und vergewisserte sich, dass ihm Maximus und seine Gefährten noch folgten. So führte er sie hinunter in das Tal zu einem kleinen Weiler. Erst als dort die Hunde anschlugen, bog der Bär ab und verschwand.

Nachdem sich die Männer gestärkt hatten, zogen sie zuversichtlich weiter und erreichten schließlich die Stadt Lauriacum. Im Kloster wartete der Heilige schon auf sie. Als Maximus mit seinen Helfern gemeldet wurde, rief er freudig: „Lasst die Leute eintreten, denen ein Bär den Weg gewiesen hat!"

Da staunten alle, die dabei waren. Denn woher wusste Severin, was sich fern von Lauriacum, in den verschneiten, kältestarrenden Bergen zugetragen hatte?

Der Heilige, der zweimal starb

(Sebastian / 20. Januar)

Sebastian stammte aus Gallien. Wahrscheinlich kam er in Narbonne auf die Welt. So jedenfalls erzählen es die alten Legenden. Er war kaum erwachsen geworden, als er in die kaiserliche Armee eintrat. Seine Mutter hatte ihn zum Christen erzogen. Deshalb wusste er auch, dass sich das Kriegshandwerk nicht mit dem neuen Glauben vertrug. Immer wieder musste er an das Wort von Jesus denken: „Alle, die zum Schwert greifen, werden durch das Schwert umkommen." Dann fühlte er sich unbehaglich in seinem Brustpanzer und mit dem klirrenden Waffengehänge. Verlegen senkte er die Augen, wenn ihm andere Christen begegneten.

Trotzdem war er gerne Soldat. Schon bald fiel er durch seine Zuverlässigkeit und durch seinen besonderen Mut auf. Der Kaiser selbst holte ihn in die Leibgarde. Er wurde zum Oberst befördert. Jetzt durfte er auch die inneren Gemächer des Palastes betreten. Manchmal zog ihn der Herrscher sogar ins Gespräch. „Warum", so fragte er den Offizier, „lassen die Christen keine Fremden zu, wenn sie ihr Opfer feiern? Sie versammeln sich an geheimen Orten, und sie weigern sich, die vielen Götter des römischen Reiches anzuerkennen." Empört sagte er: „Nicht einmal mir, der ich wie ein Gott verehrt werde, erweisen sie die schuldige Anbetung." Da wusste Diokletian noch nicht, dass sein Oberst, der schweigend zuhörte, ebenfalls ein Christ war...

Mit der Zeit wuchs die Angst des Kaisers vor dem neuen Glauben ins Riesige. Diokletian bangte um seine Herrschaft, und die Einflüsterer am Hof bestärkten ihn darin. Sie redeten ihm so lange zu, bis er eine neue, blutige Christenverfolgung in Gang setzte. Sebastian hatte aus nächster Nähe die Veränderung des Kaisers miterlebt. War Diokletian am Anfang seiner Herrschaft noch neugierig und unvoreingenommen gewesen, saß er jetzt wie eine finstere Spinne auf seinem Thron. In dem Netz, das er über die römischen Provinzen warf, verfingen sich immer mehr Christen. Die Richter stellten die Gefangenen vor die Wahl: Entweder sie schworen ihrem Glauben ab, oder sie wurden zum Tod verurteilt. So oft es ging, besuchte Sebastian die Unglücklichen in den unterirdischen Verliesen und tröstete sie. Das fiel nicht weiter auf, denn als Offizier hatte er Zutritt auch zu den Kerkern.

Einmal fügte es sich, dass die Schergen des Kaisers zwei junge Männer, die Markus und Marzellian hießen, in das Gefängnis einlieferten. Die beiden Christen waren Zwillingsbrüder und sollten dem Richter zugeführt werden. Weil sie einer adligen römischen Familie angehörten, durften sie in ihrer Zelle Besucher empfangen. „Was tut ihr mir an? Wie soll ich weiterleben ohne euch?" klagte ihre Mutter, als sie das feuchte, dunkle Verlies betrat. Mit aufgelösten Haaren und zerrissenen Kleidern stand sie vor den Söhnen, so sehr war sie überwältigt von der Angst um Markus und Marzellian. „Was sind das für Zeiten, in denen die Kinder freiwillig sterben, während die Alten am Leben bleiben?" schluchzte sie verzweifelt. Der gebrechliche Vater von Markus und Marzellian stimmte in die Klage seiner Frau ein. Er musste von zwei Knechten gestützt werden und hatte sich Asche auf das Haupt gestreut. „Warum wollt ihr mich verlassen?" fragte er. „Ihr seid doch die einzige Freude meines Alters. Liebt ihr den Tod mehr als mich?"

Sebastian, der leise hinzu trat, hatte alles mitgehört. Eigentlich war er hergekommen, um die beiden Gefangenen in ihrem Glauben zu ermutigen. Aber jetzt wirkten sie so bestürzt, dass er lieber schwieg. Unschlüssig blickten sie auf den Boden, während auch noch ihre Frauen zu weinen begannen. „O ihr steinharten Männer", sagten sie bitter. „Ein Wort von euch genügt, und ihr bleibt am Leben. Denkt doch an eure Kinder! Widersagt dem grausamen Gott, der Unmögliches von euch verlangt!" Da konnte Sebastian nicht anders, er musste sich einmischen. „Weshalb seid ihr so traurig?" wandte er sich an die Angehörigen der Brüder. „Markus und Marzellian eilen euch nur voraus und bereiten eine himmlische Wohnung für euch. Die Schmerzen, die sie erleiden, vergehen wie der Rauch im Wind. Bald sind diese Bekenner bei Gott, unserem Herrn. Glücklich und befreit von allen irdischen Lasten werden sie dann auf euch warten."

Erschrocken starrten die Menschen in der Zelle den hohen Offizier an. Es wurde ganz still, und niemand traute sich, diese Stille zu unterbrechen. Bis Markus und Marzellian fast gleichzeitig sagten: „Wir wollen lieber sterben als unseren Gott verleugnen." Später hieß es, Sebastian sei in einem überirdisch hellen Licht gestanden, als er mit den jungen Männern und ihren Angehörigen redete. Es wurde sogar erzählt, sieben Engel hätten den Oberst der kaiserlichen Leibwache in das Gefängnis begleitet.

Der Bekennermut des Offiziers sprach sich rasch herum. Den Christen, die ständig in Angst lebten, erschien Sebastian wie ein Held und Retter. Staunend erzählten sie von ihm. Hatte er nicht sogar die heidnischen Marmorgötter im Palast des Stadtvorstehers zertrümmert? Zweihundert Statuen, eine schöner und kostbarer als die andere! Erst danach war der Mann, der Sebastian zur Hilfe geholt hatte, von einer schweren Krankheit genesen ...

Diokletian duldete keine Geheimnisse an seinem Hof. Nur der allwissende Herrscher ist allmächtig, dachte er und ließ sich alles berichten, was in seiner Nähe geschah. So dauerte es nicht lange, bis ihm Neider des jungen Offiziers zuflüsterten, wer Sebastian in Wirklichkeit war: ein Verräter, ein Abtrünniger, ein Christ! Zuerst wollte der Kaiser den Hofschranzen nicht glauben, dass ausgerechnet dieser mutige, immer dienstbereite Mann der verhassten Sekte angehörte. Wem durfte er noch trauen, wenn sich sogar Sebastian als ein Wolf im Schafspelz entpuppte? Diokletian spürte, wie der Zorn in ihm hochstieg. Unverzüglich musste der Offizier vor ihm erscheinen.

„Du bist meinem Herzen nahegestanden. Ich habe dir selbst mein Leben anvertraut", sagte der Kaiser leise. Es kostete ihn große Mühe, sich zu beherrschen. Am liebsten wäre er Sebastian an die Gurgel gefahren. „Warum hast du dich meinen Feinden, den Christen, angeschlossen?" fragte er immer noch leise. „Wir Christen sind nicht deine Feinde", entgegnete Sebastian mit fester Stimme. „Ich achte dich als meinen Herrn, und ich will dir weiterhin dienen. Aber Christus ist größer als du. Niemand kann mich von ihm trennen."

Da glitt ein jäher Schatten über das Gesicht des Kaisers. Sein Mund verzerrte sich, und seine rechte Hand schoss mit dem ausgestreckten Zeigefinger gegen die Brust von Sebastian. „Nehmt ihn gefangen! Tötet ihn", stieß Diokletian gurgelnd hervor. Dann bedeckte er die Augen, als wollte er den Offizier, der ihn so enttäuscht hatte, nicht mehr sehen. Sebastian aber wurde von den Wachen gepackt und noch in der gleichen Stunde vor die Stadt geschleppt. Dort banden ihn afrikanische Bogenschützen an einen Baum. Sie waren berühmt für ihre Kunst, jedes Ziel zu treffen.

„Lasst euch Zeit", befahl ihr Hauptmann. „Der Verräter soll sein Leben langsam aushauchen." Ein Pfeil nach dem anderen sirrte durch die Luft, stak zitternd fest in den Armen, im Oberkörper, in den Beinen des Opfers. Bald glich Sebastian einem stachligen Igel. Er stand ganz still. Kein Laut kam von seinen Lippen, nicht einmal ein

Schmerzensruf. Schließlich verlor er das Bewusstsein und sackte in den Fesseln zusammen. Die Bogenschützen kümmerten sich nicht weiter um seinen blutüberströmten Körper. Irgendjemand wird den Leichnam schon verscharren, dachten sie.

Als es dunkel wurde, suchten die Christen nach Sebastian. Irene, eine Witwe, deren Mann den Verfolgungen zum Opfer gefallen war, fand ihn endlich am Fuß des Baumes. Weinend beugte sie sich zu ihm hinunter. Da bemerkte sie, dass er noch schwach atmete. Sie ließ Sebastian in ihr Haus tragen, wo sie seine Wunden pflegte. Viele Wochen konnte er sich kaum bewegen. Stöhnend lag er zwischen Leben und Tod. Erst allmählich vernarbten die tiefen Einrisse, die von den Pfeilen herrührten. Die Kräuterverbände der Witwe wirkten Wunder. Eines Tages erhob sich Sebastian. Ohne Hilfe kleidete er sich an. „Wohin willst du?" fragte Irene erschrocken. „Zum Kaiser", antwortete ihr Schützling. „Er darf nicht länger gegen uns wüten." So sehr seine Wohltäterin auch bat, so sehr sie ihn von dem wahnwitzigen Vorhaben abbringen wollte: Sebastian ließ sich nicht beirren.

Nachdem er sich verabschiedet hatte, ging er geradewegs zum Palast des Kaisers. Bei seinem Anblick senkten die Wachen ihre Waffen. „Tu uns nichts", stammelten sie voller Angst. Seit wann erwachten die Toten aus ihrem Schlaf und wandelten am hellen Tag durch die Stadt? Als Sebastian in die fassungslosen Gesichter schaute, hätte er beinahe aufgelacht. Er fühlte sich plötzlich leicht wie ein Vogel, der sich in die Luft erhob. Während er die Treppe zu den kaiserlichen Gemächern emporschritt, schlossen sich ihm immer mehr Menschen an. Sie wollten nicht glauben, was sie sahen. Doch Sebastian lebte. Er war kein Gespenst, keine körperlose Erscheinung. Er war ein Mensch aus Fleisch und Blut ...

Auch der Kaiser geriet in Angst und Schrecken, als der Totgeglaubte vor ihm stand. „Habe ich nicht befohlen, dass dich meine besten Bogenschützen erschießen sollen?" fragte er zitternd. Eine fahle Blässe überzog sein Gesicht. „Doch, das hast du, und sie führten ihren Auftrag aus", nickte Sebastian. „Aber Christus ist stärker als du. Er wird dich überwinden, wie er mich vor dem Tod gerettet hat. Hör endlich auf, meine Brüder und Schwestern zu verfolgen, sonst stehst du eines Tages vor seinem Strafgericht."

Noch nie hatte jemand so mit dem Kaiser gesprochen. Wie von einer Tarantel gestochen, sprang Diokletian hoch. „Schweig!" schrie er und wandte sich an die Wachen. „Ich will, dass ihr ihn sofort totschlagt. Wie ein Hund soll er vor meinen Augen verrecken!"

Dieses Mal stand Sebastian nicht mehr auf. Die Keulenschläge der Wachen zertrümmerten jeden Knochen seines Körpers. Als der Kaiser sicher war, dass Sebastian nicht mehr lebte, ließ er ihn in einen stinkenden Abwasserkanal werfen. Nichts mehr durfte an den Abtrünnigen erinnern...

Trotzdem fanden die Christen den Leichnam und bargen ihn aus dem Unrat, in dem er sich verfangen hatte. Sie bestatteten Sebastian weit draußen vor den Toren der Stadt an der Via Appia, der großen Heeresstraße. Auf ihrem Pflaster aus dunklen Lavasteinen war er so oft mit seinen Soldaten marschiert.

Viele Jahre später wurde über dem Grab des Märtyrers eine der sieben Hauptkirchen Roms errichtet.

Die Rache der Raben

(Meinrad / 21. Januar)

Meinrad kam auf einer schwäbischen Burg zur Welt. Der Sohn eines Grafen zählte noch keine fünf Jahre, als ihn sein Vater in die Obhut der Mönche von der Reichenau gab. Damals, vor mehr als einem Jahrtausend, war das Inselkloster hoch angesehen. Selbst der Kaiser legte jedes Mal eine Rast am Bodensee ein, wenn er mit seinem Gefolge nach Süden zog.

In jener Zeit wirkten berühmte Lehrer auf der Reichenau. Meinrad saß zu ihren Füßen und lauschte eifrig. Er nahm alles auf, was sie sagten, und dachte darüber in der Stille nach. Manchmal ertappten ihn seine Lehrer, wie er stundenlang die Wellen des Bodensees betrachtete, oder er kniete in der Kirche mit gesenktem Kopf, als wollte er in sich hineinhorchen. Dann stießen sie ihn unsanft an, damit er wieder zurückfand aus seinen Gedanken.

Nach der vorgeschriebenen Ausbildung wurde Meinrad zum Priester geweiht. Bald darauf schickte ihn sein Onkel, Abt Erlebad, in das Kloster Bollingen, das um einen Lehrer gebeten hatte. Am Zürichsee war es viel ruhiger als auf der Reichenau. Dichte Wälder reichten bis an das Ufer, und hinter den nahen Hügeln wuchsen schroffe Berge in den Himmel. Meinrad hörte mit wachsender Sehnsucht zu, wenn die Besucher des Klosters vom einsamen Leben in den Hochtälern erzählten. Dort konnte es noch bis weit in den Sommer schneien, und die Gewitter entluden sich heftiger als anderswo.

Eines Tages forderte Meinrad einen jungen Mönch auf, mit ihm an das andere Ufer des Zürichsees zu rudern. „Ich möchte in den klaren Bächen fischen, die aus den Bergen kommen", sagte er. Die beiden ließen ihre Kutten im Boot zurück. Dann streiften sie lange und ziellos durch die Wildnis. Jedes Mal, wenn sie Fische aus einem der Gewässer zogen, erinnerte sich der junge Mönch an das Kloster. „Meister", bat er schüchtern, „lass uns endlich umkehren. Wir haben genügend gefangen." Aber Meinrad wollte die Einsamkeit auskosten, er wollte sie fühlen, riechen und schmecken. Drei Tage waren die Männer unterwegs. Als sie zu ihrem Boot zurückkehrten, hatte Meinrad den

Entschluss gefasst, das Kloster zu verlassen und abgeschieden von der Welt zu leben. „Auf diese Weise kann ich besser mit Gott reden", dachte er.

Bevor Meinrad endgültig in die Wälder aufbrach, musste er jedoch seinen Abt um Erlaubnis bitten. Wie alle Mönche hatte er sich verpflichtet, in der Gemeinschaft des Klosters zu leben. Erst nach langem Zögern gab ihn der Abt frei. Meinrad nahm nur das Notwendigste mit. Am Fuße des Etzels fand er einen Platz, der ihm gefiel. Zunächst begnügte er sich mit einem Schutz aus geflochtenen Zweigen. Bald sprach sich jedoch bei den Bauern der Umgebung herum, dass ein Einsiedler unter ihnen weilte. Die einfachen Leute empfanden Mitleid mit dem Mönch und überredeten Meinrad, eine roh gezimmerte Hütte zu errichten. Gegen den kalten Wind schützte ihn das Moos, mit dem er die Ritzen zwischen den Stämmen verstopfte. Im Winter fiel der Schnee tagelang, manchmal sogar wochenlang. Dann hörte Meinrad, wie draußen die Bäume unter der weißen Last stürzten, und dann empfand er die Einsamkeit hoch über dem Zürichsee als vollkommen.

Die Bauern im Hochtal aber machten sich weiterhin Sorgen um den Mönch. Schon bei seiner Ankunft hatten sie bedenklich den Kopf geschüttelt. Wie sollte der schmächtige, vom Fasten gezeichnete Mann die Hungerzeit am Etzel überstehen? Jetzt waren alle Wege abgeschnitten. Doch sobald das Tauwetter einsetzte, pilgerten sie zu ihm und legten ihre bescheidenen Gaben vor der Schwelle der Hütte nieder. Verwundert erkannte Meinrad, dass er eine geheimnisvolle Anziehungskraft auf die Menschen ausübte. Immer mehr Talbewohner klopften an seine Tür und baten um Rat. War das die Abgeschiedenheit, von der er im Kloster so oft geträumt hatte?

Nach sieben Jahren packte Meinrad wieder seine Habseligkeiten zusammen. Dieses Mal ging er noch tiefer in den Wald hinein – in den Finsterwald, so nannten ihn die Einheimischen voll Schauder. Dort begegnete er der Stille, die ihm am Etzel abhanden gekommen war. Sie umgab ihn wie ein weiter, schützender Mantel, unter dem er sich geborgen fühlte und ganz ruhig wurde. Erst allmählich trauten sich die Bewohner der umliegenden Weiler in die Einöde. Mit dem Priester von der Reichenau hatte sich im Finsterwald eine wundersame Wandlung vollzogen. Stundenlang konnte er, der die Einsamkeit liebte, nun den Menschen zuhören, wenn sie von ihren Sorgen und Nöten sprachen. Dabei hütete er sich, seine Besucher zu unterbrechen. Denn sie redeten mit ihm und meinten doch nicht ihn, sondern den großen, unbegreiflichen Gott.

Dieser unbegreifliche Gott sandte Meinrad eines Tages zwei Geschöpfe des Waldes – laute, aufdringliche Wesen mit listig funkelnden Augen. Trotzdem liebte er sie von dem Augenblick an, als er sie aus ihrem Tannennest geholt hatte. Damals war ihm ein Habicht aufgefallen, der unbeweglich in der Luft verharrte. Fast gleichzeitig hörte Meinrad das Geschrei der verlassenen Rabenjungen. Ihr Todfeind wartete hoch über dem Wald. Jeden Augenblick konnte er pfeilschnell auf sie hinunterstoßen. Ohne zu überlegen, griff der Einsiedler nach einem Stein. Er schleuderte ihn mit solcher Wucht gegen den Himmel, dass der Habicht erschrocken abdrehte. Dann stieg Meinrad auf den Baum und nahm die beiden Vogelkinder an sich.

Wie ein guter Vater umsorgte er sie und stopfte ihre hungrigen Mäuler. Bald folgten ihm die Raben auf Schritt und Tritt. Sie kündigten jeden Besucher an, der zu der Einsiedelei hochstieg. An einem Januarabend verschrien sie auch zwei Landstreicher. Drohend schwenkten diese ihre Stöcke und ließen sie durch die Luft sausen. Aber die Raben krächzten nur noch lauter, so dass sich Meinrad ganz gegen seine Gewohnheit Sorgen machte. In der Nacht zuvor hatte er unruhig geschlafen. Immer wieder war er voller Ahnungen und Ängste hochgeschreckt, bis er sich schließlich durch die Hütte getastet und auf dem kalten Boden der angrenzenden Kapelle ausgestreckt hatte. „Herr, hilf mir", flüsterte er dort. „Steh mir bei."

Diese Bitte kam Meinrad wieder in den Sinn, als er aus der kleinen Fensteröffnung sah. Die beiden Landstreicher verstellten sich nicht einmal. Mit ihren Stöcken hieben sie gegen die Tür, traten sie fast ein mit den Füßen. Das Gepolter übertönte sogar den Aufruhr der Raben. „Öffne uns, alter Narr", schrien die Männer und trommelten auf das Holz. „Komm sofort heraus, sonst brennen wir deine Hütte ab." Meinrad zwang sich zur Ruhe, bevor er den Riegel zurückschob. Er hatte einen Laib Brot geholt und zwei Becher mit frischem Quellwasser gefüllt. „Sicher seid ihr müde nach dem langen Weg", sagte er. „Setzt euch zu mir und nehmt mit dem Wenigen vorlieb, das ich euch bieten kann."

Aber der freundliche Gleichmut des Mönches reizte die Landstreicher nur noch mehr. Der Ältere wischte die Becher vom Tisch, während der Jüngere Meinrad in das Gesicht schlug. „Wo versteckst du dein Geld?" herrschte er ihn an. „Gib uns freiwillig, was du hast!" – „Ihr seht doch, dass ich in Armut lebe," versetzte der Einsiedler und wich erschrocken zurück, als er die Gier und die Wut in den Augen der beiden Männer sah. Abwehrend hob er die Arme über den Kopf. Doch gegen die Hiebe, die auf ihn niederprasselten, half kein Schutz. Die Landstreicher schlugen so lange mit ihren Stöcken zu, bis Meinrad leblos vor ihnen lag und eine Stille eintrat, die sie ratlos machte. Was hatten sie getan? Selbst die Raben, die immer noch über der Hütte flatterten, verstummten für einen Augenblick.

Später, als die Landstreicher mit leeren Händen ins Freie traten, wünschten sie sich diese Stille zurück, obwohl sie doch so unheimlich gewesen war. Denn jetzt schossen die Raben auf sie herab, rissen an ihren Haaren und stachen nach ihren Augen. Der ganze Wald hallte von dem heiseren Krächzen. Wie aufgeschreckte Hasen rannten die Männer talwärts. Sie sahen keinen Himmel mehr, nur noch wild schlagende Flügel – dunkle Flügel, die schon die Nacht ankündigten. „Mörder, Mörder", schrie es aus jedem Dickicht, schrie es zwischen den Bäumen, schrie es von den Hügeln, von den Bergen.

Erschöpft und zerschlagen, mit blutigen Schrammen am Kopf, erreichten die Landstreicher schließlich Zürich. Kaum saßen sie in einem Gasthaus und hatten die Füße unter dem Tisch ausgestreckt, da stießen Meinrads Raben durch das offene Fenster. Zornig warfen sie den Wein um und versetzten das Hausgesinde in Angst und Schrecken. Mit den Schnäbeln, mit den Krallen griffen sie die beiden Männer an. Erst als der Wirt die Stadtwache zur Hilfe rief, ließen sie ab von ihnen.

Die Landstreicher wurden dem Richter vorgeführt. „Was wollten diese Vögel? Warum haben sie euch verfolgt?" fragte er streng, und sie gaben zur Antwort: „Woher sollen wir das wissen?" Doch der Richter glaubte ihnen nicht, denn er kannte Meinrads Raben und ahnte, was geschehen war. Deshalb setzte er die beiden Mörder fest.

Nach der Auffindung des Leichnams wurden sie zum Tode verurteilt. Dort wo Meinrad sein Leben gelassen hatte, in der Einsamkeit des Finsterwaldes, entstand später das berühmte Kloster Einsiedeln.

Äpfel und Rosen aus dem Paradies

(Dorothea / 6. Februar)

Dorothea trug ihren Namen voller Stolz. „Geschenk Gottes" – so könnte man ihn übersetzen. Ihr Vater war ein vornehmer Römer. Er wollte seine Frau und seine Kinder vor der grausamen Christenverfolgung schützen, die der Kaiser Diokletian angeordnet hatte. Deshalb floh er mit der Familie über das Meer nach Kappadozien. Auf der Flucht ließ er alles im Stich, was er besaß: fruchtbare Äcker und Weinberge, den Palast in Rom und die Höfe auf dem Land mit ihren großen Herden.

Aber der Zorn des Kaisers machte nicht Halt vor den Provinzen. Selbst in Kappadozien, das weit entfernt lag von Rom, begann die Jagd auf die Christen. Sie wurden aus ihren Häusern geholt und dem Statthalter Modestus vorgeführt. Dieser verlangte von ihnen, dass sie das Standbild des Kaisers anbeteten. Wenn sie sich weigerten, verurteilte er sie zum Tode. Der Henker kam seiner Arbeit kaum noch nach. Die römischen Bürger richtete er mit dem Schwert, alle anderen mussten am Galgen sterben.

Nicht jeder Christ erwies sich als standhaft. Einige brachen vor dem Statthalter zusammen und widerriefen ihren Glauben. Der Angstschweiß stand ihnen auf der Stirne. Sie wollten noch nicht aus dem Leben scheiden, nicht jetzt und nicht so früh. Die meisten Christen aber wandten sich schweigend ab von der Statue, die den Kaiser darstellte. Was hatten sie mit dem leblosen Marmor zu schaffen? Sie glaubten an den lebendigen Gott, der überall wirkte und sich nicht in einen kalten Stein einsperren ließ.

Der Statthalter saß auf dem Richterstuhl. Während er den nächsten Angeklagten erwartete, spielte er mit seinem Ring. Die Christen, dachte er, sind seltsame Menschen. Warum werfen sie ihr Leben so einfach weg? Sie wissen doch nicht, was nach dem Tod kommt! Vielleicht erwartet sie nur eine grauenhafte, immerwährende Finsternis ... Die Hitze machte den Statthalter schläfrig. Er war wütend, weil ihm diese Christen seine

kostbare Zeit stahlen. Wie gern hätte er sich in den Garten unter das Schattendach der Bäume zurückgezogen! Stattdessen musste er im Gerichtssaal schwitzen. Plötzlich blickte er überrascht hoch. Auch sein Schreiber Theophilus hob den Kopf.

Vor ihnen stand Dorothea. Sie war auf eine Art schön, für die der Statthalter keine Worte hatte. Täuschte er sich oder schaute sie ihn noch furchtloser an als die bisher verurteilten Christen? Der Statthalter lächelte der jungen Frau zu. Sie sollte ruhig spüren, wie sehr sie ihm gefiel. Als sie es ablehnte, vor dem Standbild niederzuknien, erschrak er und fragte vorwurfsvoll: „Fürchtest du nicht den Tod? Warum willst du jetzt schon die Welt verlassen?" – „Weil sie kalt und unwirtlich ist", entgegnete Dorothea. „Ich freue mich auf die himmlischen Gärten. Dort geht die Sonne nie unter. Es gibt dort keinen Winter und keinen Schnee. Die Äpfel im Paradies sind fester und süßer als anderswo, und die Rosen verwelken nicht."

Da blieb dem Stadthalter keine Wahl: Er musste auch die schöne Dorothea dem Henker übergeben. Der Schreiber stellte das Urteil aus, und der Statthalter setzte – immer noch zögernd, weil er die Augen nicht von der jungen Frau wenden konnte – seinen Namen auf die Schriftrolle. Am anderen Morgen wurden die Christen mit Dorothea in ihrer Mitte zum Richtplatz geführt. Die Straßen waren voll von Neugierigen. Es herrschte eine Ausgelassenheit wie bei einem großen Fest. Nur in den Circus strömten die Menschen noch lieber als zu einer Hinrichtung.

Dorothea schaute geradeaus. Sie wollte die hämischen Gesichter nicht sehen. Mit Ketten waren die Christen aneinander gefesselt. Viele von ihnen trugen Folterspuren am Körper. Langsam, schrittweise, bewegte sich der Zug vorwärts, bis er plötzlich für einen kurzen, kaum spürbaren Augenblick anhielt. Denn Theophilus, der Schreiber des Statthalters, stellte sich den Verurteilten in den Weg.

„Dorothea", rief er mit spöttischer Stimme, „denk an mich, wenn du im Paradies bist. Dann sende mir einen Korb voller Äpfel und ein paar Rosen aus den himmlischen Gärten. Ich warte darauf." – „Dein Wunsch wird in Erfüllung gehen", versicherte Dorothea ohne Zögern. „Du sollst die Äpfel erhalten und die Rosen dazu." Ihre Antwort ging im Gelächter der Zuschauer unter. Theophilus hatte diese Antwort trotzdem gehört.

Wochen, Monate verstrichen nach dem Tod von Dorothea. Der Winter hielt Einzug in Kappadozien. Ein frostiger, scharfer Wind strich über das Land und schüttelte die letzten, dürren Blätter von den Bäumen. Die Sonne, wenn sie überhaupt noch durch den Nebel drang, leuchtete wie hinter einem trüben Glas. Früh am Tag wurde es dunkel in den kahlen Höfen und in den Gassen der Stadt.

Theophilus verabscheute den Winter. Selbst der Palast des Statthalters bot mit den weitläufigen, hohen Gemächern kaum Schutz vor der Kälte. Sorgfältig wickelte sich der Schreiber in seinen Umhang. Nur ungern trat er ins Freie, um sich mit Freunden zu treffen.

Auf einmal stand vor ihm ein kleines Kind, dessen Gesicht auf eine seltsame Weise leuchtete. Die Farbe seiner Augen erinnerte an einen blauen, sommerwarmen Himmel.

Das Kind reichte Theophilus ein Körbchen, in dem frische Äpfel und drei voll erblühte Rosen lagen.

„Es ist Winter", sagte der Schreiber erschrocken. „Woher hast du die Äpfel? Woher die Rosen?" – „Aus den himmlischen Gärten", antwortete das Kind. „Sie sind ein Geschenk von Dorothea, die dich grüßen lässt." Dann drehte es sich um und verschwand, als wäre es nie da gewesen.

Am nächsten Tag saß der Statthalter wie jeden Tag zu Gericht über die Christen. Theophilus hatte Mühe, den Verhandlungen zu folgen. Seine Hand zitterte, während er ein Urteil nach dem anderen niederschrieb.

Plötzlich sagte er laut, damit es jeder hören konnte, auch der Statthalter: „Ich bin Christ."

Ειμὶ Χριστιανὸς

Der Mann, der die Schlangen vertrieb
(Patrick / 17. März)

Das Segel mit dem aufgenähten Kreuz straffte sich im Wind. Es war still. Nur die Wellen rauschten, als das Schiff beidrehte und den kleinen Hafen ansteuerte. Der Bischof stand im Bug. Er hielt seinen Stab fest, während er mit den Augen die Hügel absuchte, die sich hinter dem Strand erhoben. Sechs Jahre hatte Patrick auf dieser Insel zugebracht. Bei dem Gedanken daran durchzuckte ihn ein heftiger Schmerz. Nie würde er den heißen, trockenen Tag vergessen, an dem die irischen Seeräuber über sein Heimatdorf in Britannien hergefallen waren.

Wie aus dem Nichts waren sie aufgetaucht. Ihre Gesichter glühten von der Sonne. Schwerter pfiffen durch die Luft und Beile blitzten. Bis Patrick, der im Schatten eines Baumes saß, aus seiner Schläfrigkeit herausfand, hatten ihn die Fremden bereits niedergeworfen und überwältigt. Einer der Männer kniete sich auf Patricks Brust und verdrehte seine Arme so stark, dass ihm die Tränen in die Augen schossen. Wenig später wurde er wie alle anderen Bewohner des Dorfes an ein langes Seil gebunden. Gefesselt und geknebelt mussten sie sich in der Mittagshitze zu den Booten der Räuber schleppen. Wenn der Zug einmal stoppte, schlugen die Sieger mit ihren Peitschen dazwischen. Fluchend rissen sie die Gefangenen, die gestrauchelt waren, wieder hoch.

Den Bischof fror es plötzlich. Er wusste, dass dieser Alptraum zu seinem Leben gehörte wie das Aufwachen am Morgen oder das Einschlafen am Abend. Immer wieder würde ihn die Erinnerung an die Gefangenschaft quälen. Nach der Ankunft in Irland war Patrick auf dem Sklavenmarkt von einem Druiden gekauft worden. Der hatte zuvor die Muskeln des Jungen befühlt und in seinen Mund geschaut, als wäre er ein Stück Vieh. „Ich nehme dich. Du kannst meine Schafe hüten", brummte er dann sichtlich zufrieden. „Aber gib acht, dass die Herde gut über den Sommer kommt."

Während der Zeit, die Patrick bei dem heidnischen Priester gedient hatte, verlor er kein einziges Tier. Weil der Druide Gefallen an dem Jungen fand, machte er ihn mit zahlreichen Geheimnissen vertraut. Er lehrte Patrick auch die alten Weissagungen. Darunter war eine Weissagung, die der zauberkundige Mann nur zögernd preisgab.

„Irgendwann", sagte er stockend und hielt dabei die Augen geschlossen, „kommt jemand nach Irland mit geschorenen Haaren. Er hält einen Krummstab in der Hand, und sein Mantel hat ein Loch für den Kopf. An dem Tisch, der im Osten seines Hauses steht, wird der Fremde singend das Unheil der Druiden verkünden. Dann werden alle, die sich zu ihm bekennen, mit fester Stimme antworten: So sei es."

Noch immer stand Patrick hoch aufgerichtet im Bug des Schiffes. Wie jeder Mönch trug er eine Kutte, und sein Kopf schimmerte kahl bis auf einen dünnen Haarkranz. Lange, sehr lange hatte er nicht mehr an diese merkwürdige Prophezeiung gedacht. Bald danach war er von der Insel geflohen und auf der Suche nach einer neuen Heimat durch Gallien gewandert. Die Mönche in Auxerre hatten ihn schließlich bei sich aufgenommen. „Ich bin ein schlechter Schüler gewesen", murmelte Patrick gedankenverloren. „Trotzdem wurde ich von Germanus zum Bischof geweiht." Jetzt kehrte er im Auftrag des heiligen Mannes zurück nach Irland. Wenn er es recht überlegte, hatte er während der sechsjährigen Gefangenschaft auf der Insel nicht nur schlimme und erniedrigende Erfahrungen gemacht. Einen großen Teil seines Wissens verdankte er dem Druiden, der ein kluger, mächtiger Mann gewesen war. Dieser heidnische Priester hatte als erster die Fähigkeiten des Jungen erkannt, und doch erkannte er sie nicht ganz ...

Langsam glitt das Schiff in den Hafen. Der Anker wurde geworfen und eine Planke bis zum Sandstrand hinuntergelegt. Patrick, der Bischof, betrat als erster die Insel, die weitab im Westen am Ende der Welt lag. Vielleicht war sie deshalb seit Jahrhunderten von Eroberern verschont geblieben. Nicht einmal die Römer hatten einen ernsthaften Versuch unternommen, Irland zu unterwerfen. Sieben Reiche gab es dort, und jedes Reich regierte ein König, der sich von seinem Druiden beraten ließ. Wollte Patrick die Iren zum Christentum bekehren, musste er zuerst ihre Herrscher und die Priester beeindrucken und für sich gewinnen. Darum kam er mit einem Gefolge, wie es sich nur für einen mächtigen Fürsten geziemte. Ein Diener nach dem anderen kletterte aus dem Bauch des Schiffes an Land. Neben einem Hilfsbischof hatte Patrick einen Leibwächter, einen Rechtsgelehrten und einen Schreiber mitgenommen, außerdem noch einen Koch, einen Mundschenk und einen Brauer, zwei Diener, einen Wagenlenker, einen Ofensetzer und einen Kuhhirten, drei Maurer, drei Schmiede und drei Stickerinnen.

In einer langen Reihe zog das Gefolge des Bischofs durch das Küstendorf. Die Türen der Hütten waren verriegelt. Niemand zeigte sich. Nur einmal hörte Patrick einen unterdrückten Schreckensruf: „Rettet euch vor den Seeräubern!" Da lachte er unwillkürlich auf. Seeräuber liebten die Überraschung, das wusste er aus eigener, leidvoller Erfahrung. Sie schlichen sich nur in der Dunkelheit heran oder in der Mittagshitze. Mit plötzlichem Geschrei sprengten sie dann die Türen der Häuser, brachen in die Wohnräume und in die Ställe ein. Wer sich ihnen entgegenstellte, wurde überwältigt oder erschlagen. Patrick aber war in friedlicher Absicht gekommen. Er führte seine Leute an den Hütten vorbei die Hügel hinauf. Tagelang wanderten sie durch Torfmoore und über grüne Weiden, deren Gras der Wind niederhielt. Nachts, wenn alles schlief, wurde der Bischof von unheimlichen Geräuschen geweckt. Es schien, als hätten sich sämtliche Druiden Irlands gegen ihn verschworen. Fratzenhafte Gestalten tobten hoch in den Lüften und streckten ihre langen Arme, ihre knochigen Finger nach ihm aus.

Einmal hörte Patrick ein Dröhnen wie von schweren Schritten, das immer näher kam. Die Erde begann zu schwanken, selbst der Himmel zitterte mit. Auf einmal erhob sich vor dem Bischof ein gewaltiger Drache. Hatten ihn vielleicht die heidnischen Priester geschickt? Aus dem Maul des Ungeheuers stiegen Rauchwolken, und um seinen Hals ringelten sich unzählige Schlangen. Der Feueratem des Drachen erfasste Patrick. Für einen Augenblick schien er lichterloh zu brennen, dann fielen die Flammen in sich zusammen. Jetzt griffen die Schlangen den Bischof an. Sie zischten, schlugen ihre Giftzähne in sein Gewand, wollten ihn töten. „Im Namen Gottes, dem die ganze Schöpfung untertan ist, befehle ich euch, von mir abzulassen", rief er in höchster Not und setzte flehend hinzu: „Herr des Himmels! Herr der Erde! Ich bitte Dich: Verbanne alle Vipern und Nattern aus Irland." Während dieser Nacht, so wird erzählt, verschwanden sämtliche Schlangen von der Insel. Nie mehr kehrten sie zurück.

Patrick musste noch größere Gefahren bestehen. Trotzdem hörte er nicht auf, vor den irischen Königen und vor dem Volk zu predigen. Die Begeisterung, mit der er von Jesus sprach, wirkte ansteckend. Bald wurden überall im Lande Kirchen gebaut. Manche entstanden rasch aus Flechtwerk, das die Diener des Bischofs mit Lehm bewarfen. Für andere Kirchen, hoch auf den Hügeln, schichteten sie Feldsteine aufeinander und ver-

stopften die Ritzen im Mauerwerk mit Moos. Wie feste Burgen wirkten diese Kirchen. Sie trotzten selbst dem Sturm, der heulend und tobend vom Meer heranbrauste.

Das Gefolge des Bischofs wurde mit jedem Tag größer. Junge Männer aus allen Gegenden Irlands schlossen sich Patrick an. Sie sangen, tanzten und beteten gemeinsam. Wo immer sie hinkamen, gewannen sie die Herzen der Menschen. Nur König Leogar, der mächtigste unter den Herrschern, widerstand dem neuen Glauben. Voller Erbitterung hatte er miterlebt, wie die anderen Fürsten zu Patrick überliefen. Ich muss den Betrüger entlarven, ich muss ihn bloßstellen, dachte er grimmig. Lange trug er diesen Wunsch mit sich herum, bis er den Bischof eines Tages an seinen Hof bat.

Patrick empfing die Gesandten des Königs mit ausgesuchter Höflichkeit. Obwohl er ahnte, was Leogar im Schilde führte, nahm er ihre Einladung an und ging mit ihnen. Seine Furcht verbarg er selbst dann noch, als er vor den Herrscher trat. Nachdem er dazu aufgefordert worden war, begann er von Jesus zu erzählen. Der König saß auf seinem Thronstuhl und hörte schweigend zu. Auch das Gesinde verhielt sich ganz still, damit ihm kein Wort entging. Lediglich die Schwerter der Wachsoldaten klirrten leise in den Kettengehängen. Hinter dem Thron stand Leogars Druide. Während Patrick sprach, verzerrte sich sein Gesicht. Er hatte Angst vor dem Gast, noch größer war jedoch sein Hass auf den Eindringling. Wenn er jetzt nicht handelte, würde ihn der fremde Priester um sein Ansehen und seinen Einfluss bringen ...

Entschlossen trat er vor. „Du bist ein Lügner, ein Kopfverdreher", rief er erbost. „Beweise mir, dass dein Gott mächtiger ist als unsere Götter." Dann erhob er sich wie ein Vogel in die Luft. Von dort oben verspottete er Patrick und überschüttete ihn mit Beleidigungen. „Komm doch herauf zu mir", krähte er. „Wo ist dieser Jesus? Warum hilft er dir nicht?" Verwirrt ließ der Bischof die Lästerungen des Druiden und das Hohngelächter des Königs über sich ergehen. Die ganze Dienerschaft lachte mit. Ihre anfängliche Bewunderung für den fremden Priester war der Verachtung gewichen, weil sie ihn so schwach, so hilflos erlebten. Patrick wusste nicht mehr, was er tun sollte. In seiner Not schlug er das Kreuzzeichen, und mit ihm bekreuzigten sich alle Gefährten des Heiligen.

Vor dem geheimnisvollen Zeichen, das er noch nie gesehen hatte, erschrak der Druide. Sein Herz krampfte sich zusammen. Vielleicht hatte dieses Zeichen eine besondere Macht! Spürte er sie schon? Griff sie schon nach ihm? Der Druide zitterte plötz-

lich, ruderte mit den Armen und den Beinen, bevor er wie ein Stein vom Himmel fiel und sich das Genick brach. Da hielt es Leogar nicht länger auf dem Thron. Er zog sein Schwert, zornig drang er auf den Gast ein. Im gleichen Augenblick fuhr ein gleißender Blitz aus den Wolken nieder und riss dem König die Waffe aus der Hand. Erstarrt blieb er stehen, während sich die Königin vor Patrick auf die Knie warf. „Du bist mächtiger als alle Druiden. Verschone meinen Gemahl", bat sie ihn unter Tränen. „Warum fürchtest du mich?" fragte der Bischof und richtete die Königin tröstend auf. „Glaube mir: Ich habe keine Gewalt über Leben und Tod. Diese Gewalt hat Gott allein."

In der folgenden Nacht schreckte Leogar immer wieder hoch. Unruhig wälzte er sich auf seinem Lager und sann darüber nach, wie er den fremden Priester töten könnte. Am nächsten Morgen bat er ihn mit allen Gefährten zu einem festlichen Mahl. Den Wachen am Tor des Königshofes aber schärfte er ein, Patrick und seine Männer, sobald sie erschienen, in Fesseln zu legen und in ein dunkles, feuchtes Verlies zu werfen. Wie erschrak Leogar, als der Bischof mit seinem Gefolge zur festgesetzten Stunde den Hof betrat, als wäre nichts geschehen! Die Soldaten am Tor hatten tief geschlafen, ja sie schliefen immer noch. Nur mit Mühe konnten sie wachgerüttelt werden. Als sie endlich die Augen aufschlugen, blickten sie sich staunend um wie Menschen, die nach vielen Jahren heimkehren und alles verändert vorfinden.

Dem König blieb nichts anderes übrig: Er musste seine Gäste zur Tafel bitten. Leogar lächelte dabei und schmeichelte den Fremden. Doch in seinem Inneren tobte der Hass gegen den Bischof. Noch einmal versuchte er, Patrick aus der Welt zu schaffen. Dieses Mal setzte er ihm vergifteten Wein vor. Aber als der Bischof den Becher zum Mund führte, schwamm das Gift obenauf. Ohne etwas zu sagen, schüttete er es auf den Boden, ehe er den Rest des Weines mit einem großen Schluck austrank. Jetzt erkannte der König endgültig, dass er Patrick nicht zu bezwingen vermochte. Die Königin und ihre beiden Töchter ließen sich taufen. Auch Dubtach, der berühmte Sänger am Königshof, bekehrte sich. Die Lieder, die er zur Ehre Gottes anstimmte, klangen so wunderbar, dass sogar die Engel aus dem Himmelsgewölbe hinunterstiegen, um ihm zuzuhören. So jedenfalls steht es in den alten Büchern. Nur Leogar zeigte sich unbeeindruckt. „Ich will meine Götter nicht verraten. Ich bleibe ihnen treu", sagte er zu dem Bischof. „Wenn ich dich nicht bekehren kann, dann lass uns wenigstens in Frieden nebeneinander leben", antwortete Patrick, und beide hielten sich daran.

In den Jahren, die folgten, gründete der Bischof zahlreiche Klöster für seine Schüler. Aus der Insel der Druiden wurde allmählich eine Insel der Heiligen. Wenn Patrick irgendwo erschien, drängten sich die Menschen um ihn und erbaten seinen Rat und seine Hilfe. Manchmal wurde ihm das alles zuviel, dann sehnte er sich nach Einsamkeit und Stille. Im äußersten Westen des Landes, an der Küste, erhebt sich ein Berg, der heutzutage Croagh Patrick heißt. Dort fand der Bischof, was er so schmerzlich vermisste. Jedes Jahr, am Aschermittwoch, zog er sich auf diesen Berg zurück. Wie Jesus in der Wüste fastete er vierzig Tage. Fern von den Menschen sprach er ganz allein mit Gott.

Patrick hatte den Auftrag des Germanus ausgeführt. Der Einfluss der Druiden schwand von Jahr zu Jahr. Ihre Opfersteine, ihre heiligen Plätze gerieten allmählich in Vergessenheit. Mit dem Bischof aus Britannien erfüllte sich die alte Prophezeiung. Denn

Patrick stand im Osten seiner Kirche am Altartisch und verkündete den Untergang der heidnischen Götter. So geschah es dann auch. Die Menschen, die dem Bischof begegneten, staunten über seine wunderbaren Kräfte. Sie erzählten sich viele Geschichten von Patrick, und jede dieser Geschichten ließ ihn noch geheimnisvoller erscheinen. Kein Zweifel, er war ein Gottesbote, ein Auserwählter...

Einmal hatte ein Mann seinem Nachbarn ein Schaf entwendet. Um nicht entdeckt zu werden, schlachtete er das Tier noch in der gleichen Nacht, briet es und aß es mit seiner Familie. Die Knochen vergrub er hinter dem Haus. Als Patrick von dem Diebstahl erfuhr, holte er alle Dorfbewohner in der Kirche zusammen. „Wer das Schaf gestohlen hat, soll vortreten", sagte er. „Wenn sich der Dieb offenbart und den Schaden ersetzt, wird Gott ihm verzeihen." Obwohl der Bischof seine Aufforderung noch zweimal wiederholte, blieb es still in der Kirche. Niemand meldete sich. Patrick wartete eine Weile, dann packte ihn der Zorn. Heftig stieß er seinen Stab auf den Boden und rief: „Im Namen Gottes befehle ich dem Dieb, wie ein Schaf zu bähen." Da half dem Übeltäter kein Leugnen mehr. Ob er wollte oder nicht, er musste blöken. Mit feuerrotem Gesicht, immer noch blökend, stürzte er aus dem Gotteshaus und lief davon.

Verstockte Sünder gab es auch anderswo in Irland. Immer wieder kam es vor, dass der Bischof wie gegen eine Mauer predigte. Dann malte er den Himmel in den schönsten Farben aus, die Hölle dagegen beschrieb er als einen finsteren, entsetzlich heißen Abgrund. Auch das Fegfeuer, den Ort der Buße, schilderte Patrick so beeindruckend, dass der Widerstand der Ungläubigen dahinschmolz. Eine tiefe Sehnsucht nach dem Himmel ergriff sie und ein ebenso tiefes Erschrecken vor der Hölle und vor dem Fegfeuer. Einmal aber scheiterte der Bischof bei dem Versuch, das Volk für seinen Glauben zu begeistern. Das geschah in einem Dorf hoch im Norden. Die Menschen, die sich versammelt hatten, um den fremden Priester zu hören, standen mit verschränkten Armen vor ihm. Feindselig musterten sie Patrick. Am Ende, nach seiner Predigt, brach ein Tumult aus. „Du kannst uns viel erzählen", schrien sie. „Wer sagt, dass du kein Schwindler bist, der seine Zuhörer mit Worten blendet? Zeig uns den Himmel und die Hölle! Zeig uns das Fegfeuer! Dann erst glauben wir dir."

Patrick war ratlos. Wie sollte er ihnen zeigen, was bis dahin kein Mensch gesehen hatte? Inständig bat er Gott um Hilfe. Während er noch betete, entführte ihn ein Engel an einen abgelegenen Platz, der ganz verwildert war. „Nimm deinen Stab und zieh einen Kreis", befahl er. Kaum hatte Patrick getan, was der Engel von ihm wollte, da öffnete sich die Erde in dem Kreis. Erschrocken sah der heilige Mann ein Loch, das immer tiefer wurde. Gläserne Stufen führten in den Abgrund. Irgendwo dort unten glühte etwas wie ein Katzenauge in der Nacht, nur viel größer.

„Am Ende der Treppe wartet das Tor in die jenseitige Welt", sagte der Engel. „Wer durch dieses Tor geht, bleibt entweder für immer verschollen. Oder er kehrt zurück, aber dann hat er keine Worte für das Wunderbare, dessen Zeuge er wurde."

Trotzdem gingen viele das Wagnis ein und stiegen die gläserne Treppe hinunter. Noch lange nach Patricks Tod wussten die Menschen in Irland, wo die Pforte zum Jenseits liegt.

Dann, ganz allmählich, verfiel der Eingang. Steine lösten sich, polterten in die Tiefe. Später rutschte auch die Erde nach, bis alles zuwuchs und der Platz verwildert aussah wie ehedem.

Der große Drachenkampf
(Georg / 23. April)

Es war einmal eine große und prächtige Stadt, die hieß Silena. Ihre gewaltigen Mauern standen im Lande Libyen, wo die Sonne besonders heiß auf die Erde herunterbrennt.

Die Fremden, die nach Silena kamen, bewunderten diese Stadt wegen ihrer breiten Straßen und der schönen Gärten. Schon von weitem sah man die Dächer der Tempel, in denen die Menschen ihre Götter verehrten. Den Himmelsgott nannten sie Zeus oder Jupiter; Mithras war der Gott des Lichtes und des Lebens.

In der Nähe von Silena gab es einen See. Er lag unbeweglich unter der gelben Sonne. Der See war so klar, dass man bis auf den Grund hinunterschauen konnte. Sein Wasser brachte das umliegende Land zum Blühen. Es ließ die Pflanzen wachsen und die Früchte an den Bäumen und auf den Feldern.

Die Menschen in Silena trieben Handel mit weit entfernten Ländern. Kostbare Gewürze, wertvolle Teppiche und seltene Edelsteine wurden auf dem Markt angeboten. Wer in Silena reich war, wollte noch reicher werden. Nur das Geld zählte in dieser Stadt. Denn mit Geld konnte man große Häuser bauen und schöne Kleider kaufen.

Es gab auch arme Menschen in Silena. Die Kinder der Armen trugen Lumpen. Sie litten Hunger. In Scharen zogen sie durch die Straßen der Stadt. Manchmal kam es vor, dass ihnen ein Bäcker einen Brotlaib zusteckte oder dass jemand eine Münze aus dem Fenster warf. Dann vergaßen sie für einen Augenblick ihr Elend.

Eines Tages veränderte sich der See, der bisher so still und durchsichtig gewesen war. Er wurde zuerst dunkelgrün und danach ganz schwarz und warf dicke Blasen. "Der See kocht", schrien die Soldaten, die Wache hielten, von der Stadtmauer herab. Immer mehr Menschen strömten zusammen. Voller Angst sahen sie, dass sich das Wasser in einer gewaltigen Woge aufbäumte.

Plötzlich stieg ein Drache aus den Wellen empor. Er ringelte sich wie eine Schlange. Sein mächtiger Körper war mit einem Schuppenpanzer bedeckt. Auf seinem Haupt trug er zwei Hörner, und aus seinem Maul sprühten Flammen.

Der Drache verließ das Wasser und wandte sich der Stadt zu. Entsetzt flüchteten die Bewohner in ihre Häuser. Sie verriegelten die Türen und schlossen die Fenster. Die großen Stadttore wurden zugeworfen. Auf einmal war es totenstill in Silena. Sogar die Hunde und Katzen verkrochen sich, und die Vögel verstummten.

Trotz seines gewaltigen Körpers kam das Ungeheuer sehr schnell voran. Die Erde bebte unter ihm. Erst vor der Stadtmauer machte es halt. Aus seinen Nüstern strömte Rauch, der sich wie eine schwere Wolke über Silena legte. Die Menschen, die den Rauch einatmeten, hatten Angst, zu ersticken.

Der Drache wartete bewegungslos. Stunde um Stunde verstrich, während seine Augen auf die Stadt gerichtet waren. Wie zwei Feuerräder glühten diese Augen. Erst am

Abend wandte sich das Ungeheuer schnaubend ab und tauchte wieder unter im See.

Von nun an stieg der Drache jeden Tag aus dem Wasser empor. Er zertrampelte die Felder, stürzte die Bäume um und verschlang alle Lebewesen, die nicht rechtzeitig vor ihm flohen. Vergeblich schickte der König von Silena seine Soldaten aus. Sie sollten das schreckliche Tier erschlagen. Aber als sie das Zischen des Drachen hörten und sein furchtbares Haupt erblickten, warfen sie ihre Waffen weg. Schreiend rannten sie zurück hinter die schützenden Mauern der Stadt.

Der Drache ließ sich nicht vertreiben. Er lauerte vor den Toren der Stadt, lauerte erbarmungslos, während sein Feueratem gegen die Mauern schlug.

„Was sollen wir tun?" fragten die Bewohner von Silena ihren König. „Wir haben zu den Göttern gerufen: Befreit uns von dem Drachen! Verbannt ihn wieder in das tiefe Wasser, wo er so lange schlief! Aber nichts ist geschehen. Sind unsere Götter machtlos?"

Der alte König wusste keinen Rat. Schweigend saß er auf seinem Thron. „Sag uns endlich, was wir tun sollen", schrien die Menschen, die sich draußen vor dem Palast versammelt hatten. Da erhob sich ein Minister. „Was nützen uns jetzt noch Silber und Gold?" fragte er. „Der Drache ist hungrig. Wir sollten ihm jeden Tag zwei Schafe opfern. Vielleicht gibt sich die Bestie damit zufrieden und verschont uns."

Diesem Vorschlag stimmten alle zu. Gleich am nächsten Morgen wurden die Schafe zum Seeufer gebracht. Soldaten banden sie an einem Felsen fest, so dass sie nicht weglaufen konnten. Ihr ängstliches Blöken drang bis zur Stadt. Plötzlich brach es ab: Der Drache hatte die Tiere mit den Krallen gepackt und ins Wasser gezogen. Tag für Tag wiederholte sich nun das schlimme Schauspiel. Silena und seine Bewohner aber blieben unbehelligt von dem Drachen.

Auf Befehl des Königs waren alle Schafe in der Stadt zusammengetrieben worden. Ein Hirte kümmerte sich um die Tiere, die dem Drachen zugeführt wurden. Er sah mit Sorge, wie seine Herde mit jedem Tag abnahm. Schließlich musste er sich von den letzten beiden Schafen trennen. „Was wird morgen geschehen?", dachte der Hirte und schaute zum Palast empor.

Dort wanderte der König ruhelos im Thronsaal auf und ab. Seine Ratgeber standen um ihn herum. Sie machten bekümmerte Gesichter. Es dauerte lange, bis einer von ihnen den Mut hatte, zu sprechen. „Wir sind Gefangene des Drachen", erklärte er schließlich mit stockender Stimme. „Das Ungeheuer ist unersättlich. Uns bleibt nichts anderes übrig: Wir müssen ihm nun täglich einen Menschen opfern."

Entsetzt winkte der König ab. In diesem Augenblick hörte er aus dem See ein gewaltiges Brüllen. Da besann er sich und sagte hastig: „Das Los soll darüber entscheiden, wer an den Drachen ausgeliefert wird."

Noch am gleichen Tag zog ein Herold durch die Straßen der Stadt und verkündete den Beschluss des Herrschers. Da wussten die Leute vor Verzweiflung nicht, was sie tun sollten. Sie sperrten sich in ihren Häusern ein und weinten.

Jeden Morgen, kurz nach Sonnenaufgang, kamen jetzt die Priester im Tempel zusammen. Einer von ihnen zog das Los. Er nannte den Namen, der darauf geschrieben war. Dann holten die Soldaten des Königs den Unglücklichen und schleppten ihn hinaus zum See. Bald waren fast alle Fenster in Silena mit schwarzen Tüchern verhängt. Die Eltern trauerten um ihre Kinder und die Kinder um ihren Vater oder ihre Mutter.

Der König wollte nicht zusehen, wenn das Los gezogen wurde. Er hasste diesen Augenblick. Eines Morgens aber ließ er sich überreden und von den Dienern auf den Tempelplatz tragen. Bleich und zusammengesunken saß er in seinem Sessel. „Der wirkliche Herrscher von Silena ist der Drache", murmelte er. „Wir denken ständig an ihn. Sogar in unseren Träumen erscheint das Ungeheuer."

Während der König noch vor sich hinflüsterte, entstand plötzlich eine Bewegung unter den Priestern. Der Oberpriester hielt das neue Los in der Hand. Er zögerte eine Weile. Schließlich trat er zum König. „Herr", sagte er und blickte an ihm vorbei, „die Prinzessin! Das Los ist auf die Prinzessin gefallen!"

Da erschrak der Herrscher. Er richtete sich auf und stammelte voller Entsetzen. „Lasst mir meine Tochter. Sie ist mein einziges Kind." Als er die abweisenden Mienen der Tempelpriester sah, wandte er sich an das Volk. Seine Stimme zitterte. „Alles gebe ich euch", rief er. „Nehmt mein Silber und mein Gold. Aber seid barmherzig und verschont die Prinzessin."

Die Bewohner der Stadt hatten bis dahin unruhig zugehört. Jetzt schrie einer von ihnen: „Denk an unsere Kinder. Auch sie wurden dem Drachen geopfert! Das Los kennt keinen Unterschied." Die anderen in der Menge stimmten ein. Sie reckten die Fäuste und trampelten mit den Füßen. „Wenn du die Prinzessin nicht auslieferst, verbrennen wir dich und deinen Palast", drohten sie.

Der alte König fürchtete ihren Zorn. Deshalb ließ er seine Tochter kommen. Die Prinzessin musste ein kostbares Kleid anziehen und eine Krone aufsetzen. Dann umarmte er sie vor dem ganzen Volk. „O mein Kind", klagte der Herrscher. „Ich habe dich lieb wie keinen Menschen auf der Welt. Warum kann dich niemand vor dem Ungeheuer retten?"

Nachdem sich der König verabschiedet hatte, legten die Tempeldiener der Prinzessin Fesseln an und banden ihr die Augen zu. Mitleidig schwieg das Volk, als sie auf einen Karren gesetzt wurde, den zwei Soldaten zur Stadt hinausgeleiteten. Seine Räder rumpelten über den holprigen Weg. Vor den Mauern roch es nach verbranntem Gras und toten Tieren. Nichts mehr war geblieben von dem blühenden Land!

Allmählich wurden die Bewegungen des Karrens langsamer. Die Prinzessin spürte, wie man sie heraushob und mit hastigen Händen an einen Felsen kettete. Danach war sie allein. In die Stille drang das Geräusch des Sees. Träge und eintönig schwappte sein Wasser gegen das Ufer.

Die Königstochter wartete. So allein und verlassen hatte sie sich noch nie in ihrem Leben gefühlt. Sie begann zu frieren. Jedes Mal wenn sie sich bewegte, gab die Kette, mit der man sie gefesselt hatte, einen klirrenden Ton. Plötzlich zuckte sie zusammen. Ganz deutlich hörte die Prinzessin den Hufschlag eines Pferdes, das rasch näher kam.

„Was ist mit dir?" fragte eine Stimme. „Wer hat dich an diesen Felsen gebunden?" Noch ehe sie antworten konnte, wurde das Tuch von ihren Augen genommen.

Vor ihr stand ein fremder Mann. Sein Pferd, das er am Halfter führte, warf leise schnaubend den Kopf zurück. Der Fremde trug ein Kettenhemd und darüber einen Umhang, der bis zu den Knien reichte. Auf den Umhang war ein rotes Kreuz gestickt.

„Warum bist du gefesselt?" wollte der Mann noch einmal wissen. Dabei blickte er die Prinzessin erschrocken an, weil sie am ganzen Körper von ihrer Angst geschüttelt wurde. „Jeden Augenblick kann der grausame Drache aus dem See aufsteigen", sagte sie. Als sie von den Menschen berichtete, die dem Ungeheuer zum Opfer gefallen waren, rannen Tränen über ihr Gesicht.

„Reite fort, so schnell du kannst", bat die Prinzessin. „Wenn der Drache kommt, wird er dich töten." Aber den Fremden schien das nicht zu kümmern. Er deutete auf seine Lanze, an der eine kleine Fahne mit dem Zeichen des Kreuzes hing. „Gott ist mein Helfer", sagte er. „Ich vertraue auf seinen Schutz."

Kaum hatte er zu Ende gesprochen, da erwachte der See. Das Wasser begann zu brodeln und zu schäumen. Dunkle Wolkenfetzen trieben über den Wellen. Der Fremde löste eilig die Ketten der Prinzessin. Dann schaute er wie gebannt dorthin, wo der Drache in der Gischt emportauchte.

Aus dem Maul des Ungeheuers brachen Flammen, die hoch gegen den Himmel loderten. Ein lautes Rasseln und Zischen erfüllte die Luft. „Rette dich", rief die Prinzessin dem Mann zu, der noch immer auf den Drachen starrte.

Doch der Fremde war in Gedanken weit weg. Seine Lippen bewegten sich, als würde er mit jemandem sprechen. Er schwang sich auf sein Pferd und ergriff die Lanze. Währenddessen pflügte das Ungeheuer durch die Wellen. Am Ufer blähte es sich vor Zorn. Sein Atem fuhr wie ein heißer, fauchender Sturm über die Ebene.

Der Reiter ließ sich davon nicht beirren. Er sprengte auf das Tier zu und wollte ihm die Lanze in den Körper stoßen. Aber sie glitt an dem Panzer ab. Da schleuderte er sie dem Drachen so heftig in den Schlund, dass das Ungeheuer mit einem Schrei zu Boden stürzte.

Die Königstochter hatte wie erstarrt zugesehen. Jetzt fasste sie Mut. Vorsichtig näherte sie sich dem Tier, das noch immer zuckte und dunklen Rauch ausstieß. „Nimm deinen Gürtel", forderte sie der Reiter auf, „und lege ihn um den Hals des Drachen". Als er ihr Zögern bemerkte, sagte er: „Ich habe den Drachen besiegt. Er kann dir nicht mehr wehtun."

Nach einer Weile kam das Ungeheuer taumelnd wieder auf die Füße. Zahm wie ein Hund neigte es den Kopf und ließ sich von der Prinzessin am Gürtel führen. Der Fremde ritt vor ihnen her. So zogen sie zur Stadt.

„Der Drache kommt, der Drache kommt", schrien die Leute. Sie versteckten sich in ihren Häusern oder rannten hinaus auf die Felder und die Berge. Nur der alte König ging seiner Tochter entgegen. Er weinte vor Freude und schloss sie in die Arme.

Dann fragte er den Reiter: „Wie heißt du? Wer ist dein Herr?" - „Ich bin Georg und diene Jesus, dem Herrn der Christen", antwortete dieser. Da forderte ihn der König auf: „Erzähl mir mehr von deinem Herrn. Er muss groß und stark sein, wenn er solche Diener hat." – „Das stimmt", nickte Georg. „Mein Herr ist mächtiger als alle anderen Herren. Ich bin sein Bote."

Während Georg redete, öffneten sich die Türen der Häuser. Immer mehr Neugierige versammelten sich um ihn. Sie versuchten, die Kleider des Helden zu berühren. Ein paar Mutige griffen sogar nach der Lanze, die er immer noch in der Hand hielt, und nach dem Schwert an seiner Seite. „Die Waffen des Fremden sind schlechter als unsere eigenen", flüsterten sie. „Trotzdem konnte er den Drachen bezwingen."

Weshalb war dieser Ritter so furchtlos gewesen? Woher kam seine Begeisterung? Woher seine Zuversicht? „Wir möchten deinem Herrn dienen, wie du es tust", riefen die Bewohner von Silena. Da freute sich Georg und zeichnete jedem, der ihn darum bat, ein Kreuz auf die Stirne. So taufte er den König, die Diener des Königs und noch viele Menschen in der Stadt.

Niemand achtete mehr auf den Drachen. Unbeweglich wie ein Schatten lag er neben der Königstochter. Nur seine Augen verrieten, dass er noch lebte. Zuletzt kniete auch die Prinzessin vor Georg hin und ließ sich von ihm taufen. Gleich darauf ging ein Beben durch das Ungeheuer. Sein mächtiger Schwanz peitschte ein letztes Mal auf die Erde. Dann starb der Drache. Vierzig Männer zogen den toten Körper aus der Stadt.

In Silena herrschte Jubel. Die Männer, Frauen und Kinder tanzten miteinander. Sie lachten und sangen. Der König befahl seinen Dienern, silberne Gefäße, Edelsteine und goldene Ketten aus der Schatzkammer zu holen. „Das alles gehört dir", sagte er zu Georg. Aber Georg wollte die kostbaren Gaben nicht für sich behalten, sondern verteilte sie an die Armen. „Jesus hätte genauso gehandelt", rief er den Menschen zu. Dann stieg er auf sein Pferd und ritt fort.

Dort, wo Georg den Drachen besiegt hatte, ließ der König später eine Kirche bauen. Aus dem Boden der Kirche entsprang eine Quelle. Es wird erzählt, dass ihr Wasser heilende Kräfte hatte. Von weither seien die Kranken in die Kirche geströmt.

Der Rat des Stammlers
(Notker / 7. Mai)

Notker musste nach Worten suchen. Er stotterte, würgte mühsam heraus, was er sagen wollte. Von den Mönchen in Sankt Gallen wurde er nur Stammler genannt. Dieser Name blieb ihm zeitlebens und darüber hinaus. Aber Notker stotterte nicht immer. Sobald er seine Stimme zum Lob Gottes erhob, fühlte er sich sicher. Dann sang er rein und klar.

Am liebsten hielt sich Notker in der Schreibstube des Klosters auf. Was stockend, wie zerrissen und zerstört, über seine Lippen kam, floss ihm geschmeidig aus der Feder. Wenn es draußen vor den Fenstern regnete und stürmte, wenn der Schnee endlos aus den Wolken fiel, ersann er die schönsten Verse, die es zwischen Himmel und Erde gab. Niemand durfte ihn dabei stören. Denn Notker, der Stammler, war ein Dichter.

Sein Ruhm wurde bald in das Land hinausgetragen. Auch der Kaiser gehörte zu den Bewunderern des Mönches. Immer wieder fragte er Notker um Rat. Einmal sandte Karl der Dicke, so hieß der Herrscher, einen Boten nach Sankt Gallen in das Kloster. Er sollte einen Brief überbringen, der für Notker bestimmt war. Eifrig, voller Demut und voller Ungeduld händigte der Bote das kaiserliche Schreiben aus.

„Wann erhalte ich deine Antwort?" drängte er. „Mein Herr befahl mir, sofort wieder zurückzukehren." – „Ich habe noch zu tun", erwiderte Notker. „Lass dir Zeit und warte eine Weile."

Am nächsten Morgen beobachtete der Bote, wie Notker in den Garten des Klosters ging und Unkraut jätete. Sorgfältig suchte er die Beete ab. Obwohl er schon alt war, bückte er sich den ganzen Tag. Da schwieg der Bote, auch wenn es ihm schwer fiel.

Am darauf folgenden Morgen setzte Notker junge Pflanzen. Mit den Händen häufelte er Erde um diese Pflanzen. Der Bote begann allmählich die Geduld zu verlieren. Unwillig schüttelte er den Kopf. „Die Antwort an den Kaiser ist viel wichtiger als das, was du tust", hielt er Notker vor. Doch der lächelte nur und sagte freundlich: „Warte noch ein wenig, mein Bruder, warte!"

Am dritten Morgen packte den Boten endgültig der Zorn, als er Zeuge wurde, wie Notker die frischen Pflanzen goss. Behutsam tat er das. Immer wieder schritt er die Beete ab und versorgte die Setzlinge mit dem Wasser, auf das sie sehnsüchtig gewartet hatten.

„Ich werde meinem Herrn berichten, dass du es an der nötigen Ehrfurcht fehlen lässt", rief der Bote wutentbrannt. „Anstatt seinen Brief zu beantworten, vergeudest du deine Zeit im Garten."

Bei diesen Worten wurde Notker, der Stammler, nachdenklich. „Ja", nickte er, „berichte dem Kaiser ruhig, was du erlebt hast. Denn das ist meine Botschaft an ihn."

Noch am gleichen Tag ritt der Mann zurück. Er fürchtete schon, der hohe Herr werde ihn heftig tadeln. Stattdessen saß Karl der Dicke auf dem Thron und horchte in sich hinein, während der Bote von Notker erzählte. Dann, plötzlich, glitt ein Lächeln über sein Gesicht.

„Stammler", flüsterte er, „deine Botschaft hat mich erreicht. Ich werde versuchen, mit den Menschen, die mir anvertraut sind, genauso behutsam und geduldig umzugehen wie du mit deinen Pflanzen."

Der Vogelheilige
(Kevin / 6. Juni)

Kevin hatte viele Klöster gegründet, die unter seiner Obhut wuchsen und gediehen. Die Zahl ihrer Mönche war so groß, wie es sich der Heilige nur wünschen konnte. Er achtete darauf, dass seine Brüder ein einfaches Leben führten und feste Gebetszeiten einhielten. So vergingen die Jahre. Kevin aber spürte immer stärker den Wunsch, in die Einsamkeit hinauszuziehen. Eines Tages folgte er der Stimme seines Herzens und brach auf. Die Brüder sahen ihm nach, bis er in der Wildnis verschwand.

Weit entfernt von den Behausungen der Menschen fand er einen verborgenen Platz. Er ließ sich auf dem schmalen Landstreifen zwischen einem steil aufragenden Berg und einem See nieder. Dort standen die Bäume so dicht, dass ihn kein fremdes Auge erblickte. Als Erstes baute der Heilige eine kleine Kapelle aus Weidenruten, danach errichtete er die Hütte, in der er schlief. Kevin hatte kein Feuer. Er trank das klare Wasser, das in den Bächen floss, und ernährte sich von den Früchten des Waldes, von Wurzeln und Kräutern. Wie sonst als durch Gottes Hilfe überstand er alle Entbehrungen, sogar die harten, eisigen Winter...

Einmal gelangte ein Jäger des Königs Brandubh in die Gegend. Seine Hunde verfolgten einen wilden Eber. Sie hetzten ihn durch die Täler, trieben ihn bergauf und bergab. Völlig erschöpft floh das schwere Tier schließlich in die Kapelle des Heiligen, wo es keuchend verschnaufte. Seine Flanken zitterten, aus seinen Nüstern tropfte der Schaum. Die Hunde aber wagten es nicht, auch nur einen Schritt näher zu kommen. Still legten sie sich vor der Kapelle nieder und warteten.

Noch nie hatte der Jäger die Meute so friedlich erlebt. Als er staunend hinzutrat, wurde er Zeuge eines zweiten, noch größeren Wunders. Denn am Ufer des Sees stand der Heilige und betete, während auf seinen ausgebreiteten Armen zahlreiche Singvögel saßen und fröhlich zwitscherten und trillerten. Mit ihnen schien die ganze Schöpfung zu jubilieren. Da nahm der Jäger seine Hunde an die Leine. Leise kehrte er um. Kein fremdes Geräusch sollte das Geheimnis gefährden oder gar zerstören.

Noch eine weitere, wunderbare Begebenheit wird von Kevin erzählt. Die Kapelle des Heiligen war so klein geraten, dass er in ihr nicht einmal mit ausgebreiteten Armen beten konnte. Darum streckte er seine Arme jedes Mal durch die beiden Fensteröffnungen zum Himmel empor. Eines Morgens setzte sich eine Amsel auf die offene Hand des Heiligen. Wie in ein schützendes Nest legte sie ihre Eier hinein, dann begann sie zu brüten.

Kevin freute sich über das Vertrauen des kleinen Geschöpfes. Er rührte sich nicht von der Stelle, hielt die Hand ausgestreckt. So verharrte er geduldig und unter Schmerzen, bis die Vogelkinder ihren Eiern entschlüpften.

Im Tal der Wölfe

(Norbert / 6. Juni)

Am Niederrhein, in Xanten, sieht das Land grüner aus als anderswo. Der Wind, der über die weite Flussebene streicht, kommt vom Meer. Er fegt den Himmel blank, er kann brausen und wüten. Aber die Mauern von Xanten widerstehen ihm. Es ist eine starke, wehrhafte Stadt, in der Norbert als zweiter Sohn der Edelleute von Gennep zur Welt kommt. Nur der Erstgeborene darf den Vater beerben. Für Norbert bleibt der Dienst in der Kirche.

Doch er will nicht sofort Priester werden, er lässt sich Zeit damit. Die Einkünfte aus dem kirchlichen Amt, auf das er als Edelherr von Gennep ein Anrecht hat, sind ihm auch so sicher. Norbert ist ein reicher, junger Mann, der die Pracht liebt und an allen Festen teilnimmt. Er glänzt mit Worten. Wo er hinkommt, zieht er die Blicke auf sich. Das ist mein Leben, denkt Norbert. Ich will es auskosten. Schließlich kann ich es nur einmal leben ...

Bald holt der Kölner Erzbischof den jungen Mann an seinen Hof. Sogar der Kaiser wird auf ihn aufmerksam. Mit dem Herrscher, der einzig Gott über sich anerkennt, bricht er nach Rom auf. Unendlich mühsam ist diese Reise. Bis dahin hat Norbert nur sanfte Hügel gesehen, die kein Pferd auf der Welt anstrengen. Nun muss er lange vor den hohen Pässen absteigen und sein Reittier hinter sich herziehen. Die Flüsse schäumen zwischen den Felswänden, und Steinlawinen donnern in die Tiefe. Hoch über sich erblickt er mitten im Sommer das ewige Eis. Er weiß schon nicht mehr, wie viele Tage, wie viele Wochen sie unterwegs sind, als sie endlich die Stadt am Tiber erreichen. Ausgebrannte, eingestürzte Paläste künden von ihrer einstigen Pracht. Rom ist zusammengeschrumpft, klein geworden inmitten riesiger Trümmerfelder. Aus toten Augen starren die Häuserwände auf den Heerzug des Kaisers.

Norbert erlebt mit, wie sein Herr den Papst gefangen nimmt, weil dieser die kaiserliche Vorherrschaft nicht anerkennt. Die harten Verhandlungen, die nun einsetzen, erschrecken ihn weniger als der wilde Aufruhr, die Gewalt draußen in den Gassen. Er hat inzwischen viel gesehen, und manchmal fühlt er sich sehr allein. Gegen das Fieber, das aus den Sümpfen aufsteigt, helfen weder Worte noch Waffen. Der Tod reißt die Menschen mitten aus dem Leben, er schlägt plötzlich und wahllos zu. Das alles verändert Norbert, ohne dass er es sofort merkt. Als ihn der Kaiser drei Jahre nach der Rückkehr aus Rom zum Bischof von Cambrai berufen will, lehnt er ab. Warum er das tut? Vielleicht fühlt er sich dem Amt noch nicht gewachsen. Oder etwas in ihm weiß bereits, dass er eines Tages einen ganz anderen Weg gehen wird: den Weg der Armut.

Lange, sehr lange dauert es, bis er innerlich soweit ist. Einmal, an einem spätsommerlichen Abend, reitet er aus. Er will den Wind spüren, er treibt sein Pferd an. Weit weg wünscht er sich in diesem Augenblick, ein anderer möchte er sein. Norbert achtet nicht auf den Himmel, nicht auf die schwarzen Wolken, die sich über ihm zusammenballen. Wie gewaltige Türme ragen sie in das letzte, seltsam helle Blau.

Dann rollt der Donner von einem Ende der Welt zum anderen. Blitze zucken durch die plötzliche Finsternis. Norbert wendet erschrocken und will zurück in die Stadt. Er braucht sein Pferd, das schweißnass ist vor Angst, nicht eigens anzuspornen. Sobald er die Zügel schießen lässt, galoppiert es laut wiehernd heimwärts. Doch da schlägt ein Blitz vor ihnen ein. In der gleißenden Helle scheut das Pferd. Es bäumt sich auf, immer wieder bäumt es sich auf, bevor es endgültig durchgeht. „Herr!", schreit Norbert, während er vom Rücken des Pferdes stürzt. „Was willst du von mir?" Dann umfängt ihn die Nacht.

Diese Nacht verändert Norbert endgültig. Als er wieder zu sich kommt, bricht er mit seinem bisherigen Leben. Er zieht sich in die Einsamkeit eines Klosters zurück. Schmal, vom Fasten gezeichnet, taucht er wieder auf und lässt sich, nachdem er seinen ganzen Besitz an die Armen verteilt hat, zum Priester weihen. Jetzt steckt er nicht mehr in vornehmen Kleidern, sondern in einem groben Rupfengewand. Das scheuert und sticht auf der Haut. Es bietet kaum Schutz vor dem Wind, und wenn ein plötzlicher Regen niedergeht, hängt es an seinem Körper wie ein schwerer, feuchter Sack. Als armer Priester, nicht als reicher Domherr, tritt er vor die erstaunten Bürger Xantens.

Norbert predigt. Er erzählt vom Leben des Menschen, das wie ein Atemhauch vergeht, und von der Herrlichkeit des Himmels. Beschwörend redet er, mit Händen und Füßen. „Helft den Kranken, den Witwen und Waisen", ruft Norbert in die Menge. „Weist keinen Bettler ab! Lasst niemand ohne euren Schutz!" Die Zuhörer vor dem Dom denken an ihre Hartherzigkeit. Sie schämen sich, manche weinen sogar.

Dieser Norbert spricht ihre Sprache, er kennt sich aus in ihren Herzen. Am liebsten würden ihn die Bürger von Xanten hier behalten. Doch er zieht weiter. Ohne Schuhe wandert er von einer Stadt zur anderen, ist nirgends und überall zu Hause. Nur manchmal, im Winter, setzt ihm der beißende Frost so zu, dass er Lappen um die Füße bindet und sich in ein Schaffell wickelt.

Bald spricht sich herum, welches Feuer in Norbert brennt. Sogar der Papst ist von seinem leidenschaftlichen Glauben beeindruckt und erlaubt ihm, dass er überall predigen darf. Zu viele religiöse Eiferer sind unterwegs, die seltsame Botschaften verkünden und den Streit zwischen den Gläubigen schüren. Deshalb braucht Norbert diese Erlaubnis. Die Türen der großen Kirchen öffnen sich jetzt vor ihm. Was er sagt, fällt auf fruchtbaren Boden.

Es dauert nicht lange, und Norbert hat Gefährten, die ihn begleiten und seine Armut teilen. Er behandelt sie, als seien es seine Brüder. Mit der Zeit genügt es ihnen nicht mehr, ruhelos durch das Land zu pilgern. Sie suchen einen einsamen Ort, wohin sie sich zurückziehen können. Dort wollen sie den kargen Boden bestellen und von seinen Früchten leben. Am wichtigsten ist ihnen aber die Nähe zu Gott. „Wenn wir doch nur ein Kloster hätten, in dem wir uns zum Gebet versammeln könnten", klagen sie manchmal, bis der Bischof von Laon ihr Seufzen hört. Er schenkt Norbert ein abgelegenes Tal, das in einem großen, dunklen Forst liegt.

Das Tal heißt Prémontré. Es wird von den Menschen gemieden. Sie haben Angst vor den wilden Tieren, die dort leben. In den Höhlen hausen noch Bären, und nachts schallt das Geheul der Wölfe durch den Wald und steigt zum Himmel empor. Selbst die Sterne, so erscheint es den verängstigten Bauern der Umgebung, zucken bei diesem Geheul zusammen. Tief im Tal von Prémontré liegt eine alte, längst heruntergekommene und verfallene Kapelle. Ihr Dach ist eingestürzt, und die Mauern sind geborsten. An den Steinen ranken sich Dornen empor. Sogar kleine Bäume haben sich mit ihren Wurzeln in den aufgerissenen Wänden der Kapelle festgesetzt. Gemeinsam mit seinen Gefährten stellt Norbert das Gotteshaus wieder her und errichtet daneben ein Klostergebäude. Anfangs wissen die Brüder nicht, wovon sie leben sollen. Sie haben nur einen Esel, den sie mit Brennholz beladen. In Laon tauschen sie dafür Brot ein. Trotzdem werden sie kaum je satt.

Eines Tages streifen die Brüder wieder einmal auf der Suche nach Brennholz durch den Wald. Sie haben bereits viele Äste gesammelt, da entdecken sie einen riesigen, schwarzen Wolf. Er kauert über einem Reh, das er erbeutet hat, und reißt an ihm. Nachdem Norberts Gefährten den ersten Schrecken überwunden haben, veranstalten sie einen gewaltigen Lärm. Sie schreien so laut sie können und klopfen gegen die Baumstämme, dass es weithin hallt. Kein Wolf, nicht einmal dieser schreckliche, hält so einen Krach aus. Fluchtartig lässt er seine Beute liegen und verschwindet im Dickicht. Die Brüder aber freuen sich über die Abwechslung auf ihrem Speiseplan. Sie schultern das Reh, tragen es nach Hause. Dort hängen sie es an eine Wand, um ihm das Fell abzuziehen.

Doch sie kommen nicht mehr dazu, denn plötzlich hockt der Wolf vor der Klosterpforte und beginnt zu knurren und zu heulen. Seine Klage über das entgangene Wild dringt durch die dicken Mauern bis in Norberts Zelle. Vergeblich versuchen die Brüder, den Wolf zu verscheuchen. Er bleibt, wo er ist, und fordert unerschrocken seine Beute zurück. Selbst vor Norbert, den er mit vorwurfsvollen Augen anblickt, scheint er keine Angst zu haben. „Was ist mit dem Wolf? Warum lässt er sich nicht vertreiben?", fragt Norbert daraufhin die Brüder. Seine Stimme klingt streng: „Es muss doch einen Grund für das Verhalten des Tieres geben." Da erzählen sie schuldbewusst, wie sie den Wolf um das von ihm erbeutete Wild gebracht haben. „Also ist es sein Recht, sich zu beklagen", sagt Norbert nachdenklich und fügt nach einer Weile hinzu: „Gebt das Reh zurück. Es gehört uns nicht." Betreten gehorchen die Brüder. Der Wolf aber schnappt sich das tote Tier und zieht und zerrt es fort, ohne sich noch einmal nach den Männern an der Klosterpforte umzusehen.

Die Geschichte mit dem Wolf spricht sich herum. Bald danach kann das Kloster von den Erträgen der ersten Ernte eine Schafherde kaufen. Die Brüder stellen einen Burschen ein, der die Tiere hüten soll. Jacques, so heißt der Junge, treibt die Schafe nur sehr ungern in die Wildnis hinaus. Er hat Angst um die Herde, die ihm anvertraut ist; er fürchtet sich vor dem gefräßigen Wolf. „Was soll ich tun, wenn der Räuber ein Schaf reißen will?", fragt er besorgt. Scherzhaft erwidern die Brüder: „Dann erinnere den Wolf an den Meister Norbert und befiehl ihm, sein Opfer wieder freizugeben."

Der einfältige Jacques ist zufrieden mit dieser Antwort. Jetzt kann ihn nichts mehr erschrecken. Kurz darauf zeigt sich tatsächlich ein riesiger Wolf. Wie ein Schatten stürzt

er unter den Bäumen hervor. Blökend laufen die Schafe auseinander und machen es ihm leicht, ein Tier zu stellen. In seiner Verzweiflung erinnert sich Jacques an die Worte der Brüder. „Gib sofort das Schaf frei", schreit er mit sich überschlagender Stimme. „Im Namen unseres Meisters Norbert: Lass es los!" Einen Augenblick stutzt der Wolf, dann setzt er sein Opfer unversehrt wieder ab und hetzt davon. Jacques schreit noch immer, er will nicht glauben, was er sieht, er beruhigt sich erst wieder, als er das Schaf, das vor Angst noch ganz starr ist, auf die Schulter lädt und behutsam nach Hause trägt. War das vielleicht der Wolf gewesen, der von den Brüdern sein Reh zurückgefordert hatte? Jedenfalls glich er ihm, wie nur ein Wolf dem anderen gleichen kann...

Noch einmal taucht er auf, aber nicht mehr gierig hechelnd, nicht mehr mit diesem kehligen Knurren, von dem nichts Gutes zu erwarten ist. Dieses Mal umkreist er die Herde, als wolle er sie beschützen. Die Schafe sind merkwürdig ruhig, keines bricht aus. Den ganzen Tag hütet der Wolf die Tiere und hält sie beieinander. Am Abend hilft er sogar, die Herde in den Stall zu treiben. Danach bleibt er sitzen vor der Tür, die hastig zugeworfen wird. Er schlägt, er trommelt mit den Pfoten gegen das Holz. Wieder hört Norbert, der Gottesmann, den Lärm. „Warum öffnet keiner dem Gast?" erkundigt er sich bei den Brüdern, und sie antworten: „Es ist nur ein Wolf, der nicht weggehen will." Geduldig fragt er weiter, bis sie schildern, wie das wilde Tier die Schafe begleitet und treu gehütet hat. Als Norbert das hört, befiehlt er ihnen: „Tragt ein paar Fleischstücke zu dem Wolf hinaus, denn jeder Arbeiter verdient seinen Lohn."

So wie er mit den Tieren Frieden hält, stiftet Norbert auch Frieden zwischen den Menschen. Waren es anfangs noch dreizehn Gefährten, die ihm folgten, sind es bald darauf Hunderte, ja Tausende. An vielen Orten in Flandern, in Frankreich und Deutschland gründet er nach dem Vorbild von Prémontré Klöster. Sein Rat ist gefragt. Immer wieder wird Norbert geholt, wenn irgendwo ein Streit entsteht. Dann beschwichtigt er den Aufruhr durch die Kraft seiner Worte. Keiner, der ihm lauscht, geht missmutig fort. Das spüren auch die Abgesandten aus der Stadt Magdeburg. Ihr Bischof ist verstorben. Deshalb bitten sie den Kaiser auf dem Reichstag in Speyer um die Ernennung eines Nachfolgers. Aber das soll nicht irgendeiner sein, sondern Norbert, der berühmte Prediger und arme Gottesmann. Vergeblich wehrt er sich gegen das Ansinnen. Alle reden auf ihn ein; selbst der päpstliche Gesandte beschwört ihn, diesem Ruf zu folgen. Da gibt er endlich nach und zieht nach Magdeburg.

Die ganze Stadt freut sich auf den neuen Bischof. Zu seinem Empfang sind die Straßen geschmückt. Vor dem Dom liegen Teppiche aus, damit seine Schuhe nicht schmutzig werden. Alle Vornehmen aus Sachsen und die Bischöfe von Zeitz, Halberstadt und Merseburg wollen Norbert, dessen Ruhm sie neugierig macht, festlich begrüßen. In prächtigen Gewändern ziehen sie ihm entgegen. Aber da hat er die Stadt schon längst durch ein Seitentor betreten. Er trägt eine staubige Kutte, und er geht barfuß, wie er es gewohnt ist. Als er bei seinem Bischofshaus anklopft, weist der Türhüter den Dahergelaufenen mit barschen Worten ab. Norbert stutzt zuerst. Dann, plötzlich, lacht er zur Verwunderung des Türhüters. „Mein Bruder", ruft er und lacht noch immer, „du kennst mich besser als jene, die mir diesen Palast zugedacht haben."

In Windeseile spricht sich herum, dass der neue Bischof am liebsten unter den Armen leben würde. Trotzdem kann er, sobald das Amt es fordert, wie ein Herr auftreten. Er prüft die Abrechnungen der letzten Jahre, deckt Unregelmäßigkeiten und Betrügereien auf. Zornesröte schießt ihm ins Gesicht, wenn er die hohen Geistlichen dabei ertappt, wie sie sich unrechtmäßig bereichern wollen. Durch seine Strenge schafft er sich nicht nur Freunde. Einmal bricht sogar ein Aufstand gegen ihn los. Erst im allerletzten Augenblick kann er sich hinter die festen Mauern eines Klosters retten.

Norbert sind jetzt nur noch wenige Jahre vergönnt. Noch einmal zieht er nach Rom. Der Kaiser bestellt ihn sogar zum Kanzler, zum obersten Verwalter von Italien. Nein, er ist kein Bischof wie andere. Aber was ist er dann? „Ein Heiliger", sagen die Gefolgsleute des Herrschers und betrachten ihn dabei ehrfürchtig. Aber sie sagen es so leise, dass Norbert nichts hört davon.

Ein Gast aus der Heimat
(Kolumkil / 9. Juni)

Der heilige Kolumkil hing sehr an Irland. Hier war er geboren worden und aufgewachsen. Hier hatte er auch Gefährten um sich versammelt, die ihm von Ort zu Ort folgten. Mit seinen Brüdern gründete er viele Klöster. Am Loch Foyle fand er schließlich einen Platz, der ihm mehr als jeder andere gefiel. Dort wuchsen die Bäume noch in den Himmel, und die Blumen leuchteten wie gemalt. Die Tiere aber begegneten Kolumkil ohne jede Scheu.

Seine Brüder hatten sich daran gewöhnt, dass er alle Geschöpfe mit Ehrfurcht behandelte. Wenn er in die Augen der Tiere sah, blickte er zugleich in ihre Herzen. Sogar ihre Sprache schien der Meister zu verstehen. Seine Liebe gehörte vor allem den Vögeln. Sie umflatterten ihn, wo immer er hinging. Zutraulich setzten sie sich auf seine Schultern und fraßen ihm aus der Hand. Dabei trillerten und flöteten sie fröhlich wie am Anfang der Zeit im Paradies.

So hätten die Tage vergehen können, und Kolumkil wäre glücklich gewesen. Aber die Zeit am Loch Foyle endete jäh, als er den Zorn eines Königs auf sich zog. Weil er sein Leben retten wollte, stieg er in ein Boot und segelte hinaus auf das Meer. Mit ihm flüchteten zwölf Gefährten. Erschöpft landeten sie auf einer kleinen Insel vor der schottischen Küste. Dort war es kälter als in ihrer Heimat. Wie gehetzt zogen die Wolken über den Himmel. Der Wind, der aus allen Richtungen wehte, hielt das Gras kurz und ließ, wenn überhaupt, nur niedriges Gebüsch aufkommen. Voller Wehmut dachte Kolumkil beim Anblick des Heidelandes an sein verlorenes Paradies.

Die Mönche nutzten die Zeit auf Iona, so wurde die Insel genannt. Sie bauten ein festes Kloster und erkundeten das gegenüberliegende Festland. Mit jedem Tag rückte ihre Heimkehr in weitere Ferne. Trotzdem blieb die Sehnsucht. Eines Tages rief Kolumkil einen seiner Brüder zu sich. „Erfülle mir bitte einen Herzenswunsch", bat er und fasste ihn bei den Händen. „Geh in drei Tagen, sobald der Morgen dämmert, nach Westen. Wenn du das Meer erreicht hast, dann setze dich an den Strand. Du musst nicht lange warten. Denn von Irland wird ein Gast auf Flügeln herüberkommen. Es ist ein Kranich. Bevor du ihn siehst, hörst du schon seine Stimme. Wie eine Trompete schallt sie durch den Himmel."

„Der Flug über das Meer hat den Vogel angestrengt", sagte Kolumkil zu seinem Bruder. Er schwieg eine Weile, als müsste er sich besinnen. Danach fuhr er leise fort: „Vergeblich versucht der Kranich den tückischen Wirbeln in der Luft auszuweichen, vergeblich stemmt er sich gegen den kalten, immerfort brausenden Wind. Vor deinen Augen wird er plötzlich taumeln und stürzen. Kraftlos bleibt er am Ufer liegen. Ich bitte dich, nimm den Gast freundlich auf. Vergiss nicht: Seine Heimat ist Irland! Du sollst ihn pflegen und behüten, denn er braucht deine Hilfe. Sorge für ihn, dann kann er bald wieder dorthin zurückkehren, wo wir unsere Herzen gelassen haben."

Früher einmal – aber das war lange her – hatte der Bruder Netze gespannt und die Kraniche, wenn die Dunkelheit einsetzte, schreiend und händeklatschend hineingescheucht. Während der Meister mit ihm sprach, hörte er plötzlich wieder das Stöhnen der Vögel. Er sah, wie sie verzweifelt um sich schlugen und versuchten, mit gebrochenen Schwingen aufzufliegen. Die Erinnerung daran tat ihm weh. Erst von Kolumkil hatte er gelernt, den Geschöpfen liebevoll zu begegnen. Deshalb zögerte er auch nicht, die Bitte des heiligen Mannes zu erfüllen.

Als der dritte Morgen anbrach, begab er sich nach Westen an das Meer. Aufmerksam spähte er in die Wolken. Es dauerte nicht lange, bis er den Kranich entdeckte. Der Vogel hielt den federlosen, roten Kopf gesenkt. Er bewegte die Flügel so schleppend, als wären sie verletzt. Während er einen Kreis über den Strand zog, kippte er auf einmal wie ein Papierdrachen, den der Wind von der Seite anfällt. Dann trudelte er und fiel aus dem Himmel.

Obwohl der Bruder darauf vorbereitet war, erschrak er beim Sturz des Vogels. Mitleidig hob er den erschöpften Kranich auf und trug ihn zu einer Vorratsscheune des Klosters, die in der Nähe stand. Hier hatte sein Schützling ein Dach über dem Kopf. Der Bruder streute ihm Haferkörner und getrocknete Beeren. Außerdem holte er mehrmals täglich frisches Wasser.

Ganz allmählich kam der Kranich wieder zu Kräften. Mühsam erhob er sich, hielt sich zitternd auf zwei Beinen, dann viel zu früh auf einem Bein. Dadurch verlor er das Gleichgewicht und klappte wieder zusammen. Aufgeregt ruderte er mit den Flügeln, bevor er sich von neuem hochrappelte. Als er nach einer Weile sicherer wurde, wandte er sich seinem Gefieder zu. Er schüttelte es und plusterte sich. Jede Feder, selbst die kleinste, zog er durch den Schnabel.

Am dritten Tag hielt es den Kranich nicht länger in der Scheune. Immer wieder stieß er jämmerliche, sehnsüchtige Rufe aus. Da öffnete der Bruder das Tor. Sein Schützling nahm einen Anlauf und stieß sich mit beiden Beinen vom Boden ab. Rasch gewann er an Höhe. Er reckte den Hals, er streckte sich, zog einen letzten Kreis über dem Strand, als wollte er dem Bruder danken. Danach glitt er mit ruhigen Flügelschlägen davon. Bald war der Kranich nur noch ein grauer Punkt am Himmel. Das Meer unter ihm hatte sich beruhigt, und der sanfte Wind trug ihn ungefährdet zurück nach Irland.

„Gott segne dich, mein Sohn", sagte Kolumkil zu dem Bruder, der müde, aber glücklich wieder im Kloster eintraf. Der heilige Mann fragte nicht nach dem Kranich, er fragte überhaupt nichts. Warum auch? Dem Bruder kam es ohnehin vor, als sei Kolumkil die ganze Zeit bei ihm gewesen und hätte auf seine Weise für den Vogel gesorgt ...

Kommt ihr Fische und hört!
(Antonius / 13. Juni)

Antonius liebte die Armut. Im Sommer wie im Winter ging er barfuß. Seine abgetragene Kutte wurde von einem Strick zusammengehalten. Gegen den Regen, aber mehr noch gegen die Sonne schützte er sich mit einer Kapuze. An heißen Tagen zog er sie weit über das Gesicht, versteckte sich fast in ihr.

Wer aufmerksame Augen hatte, konnte sehen, dass Antonius ein kranker Mann war. Immer wieder litt er an einem heimtückischen Fieber. Daher rührte auch seine gelbliche Gesichtsfarbe. Dieses Fieber überfiel ihn ganz plötzlich, warf ihn nieder mit Schüttelfrösten. Dann redete er wie in einem wirren Traum.

Noch böser wurde er von der Gicht geplagt. Nur mühsam, unter Schmerzen, schleppte Antonius seinen schweren Körper vorwärts. Wenn er irgendwo im Freien predigte, hielt er zuerst Ausschau nach einem erhöhten Platz zum Sitzen. Oft wählte er dafür Bäume aus und ließ sich in einer Astgabel nieder. Er behielt so die neugierige Menge im Blick, während er anfing, von Jesus zu sprechen, der nicht einmal ein Dach über dem Kopf besessen hatte. Arm war der Gottessohn in die Welt gekommen und genauso arm und verspottet wieder aus ihr hinausgegangen.

Warum nur liefen die Menschen Antonius in Scharen zu? Er fiel doch nicht weiter auf! Bettelmönche wie ihn gab es überall. Aber da war seine unvergleichliche Stimme. Eine sanfte, beschwörende, mitreißende Stimme... Antonius stammte aus Portugal. Er hatte erst spät gelernt, italienisch zu reden. Nach kurzer Zeit beherrschte er die Sprache viel besser als die Einheimischen. Wenn ein Wort in seinem Mund noch fremd klang, horchten die Menschen erst recht auf.

Kein Zweifel: Hier sprach ein Begeisterter. Seine Predigten polterten nicht zornig, voller Anklagen, auf die Menschen nieder. Sie trösteten, richteten auf, schenkten Hoffnung selbst den Hoffnungslosen. Wie Funken entzündeten diese Predigten die Herzen...

Aber nicht immer traf Antonius auf Zuhörer, die sich von seiner Begeisterung anstecken ließen. Oft schlug ihm Verachtung entgegen, oder er wurde sogar mit Schimpf und Schande davongejagt. Die Menschen trauten der Kirche nicht mehr. Sie war eine reiche Kirche geworden. Ihre Bischöfe wohnten in prächtigen Palästen und ritten auf kostbar geschmückten Pferden. Wer teuren Wein trank, durfte den anderen kein Wasser vorschreiben. Viele Bischöfe taten es trotzdem und merkten zu spät, dass sich die Gläubigen von ihnen abwandten.

Auch Rimini, die schöne, selbstbewusste Stadt, wollte nichts mehr von der Kirche und ihren Abgesandten wissen. Als Antonius auf dem Platz vor der Kathedrale predigte, redete er wie gegen Mauern. Die Bürger von Rimini beachteten ihn nicht einmal. Laut begrüßten sie ihre Nachbarn und Freunde, und genauso laut feilschten sie mit den Tuchhändlern und den Silberschmieden. Ein Zahnbrecher pries seine Kunst, während die Schäffler noch stärker als sonst die Eisenreifen auf ihren Fässern festklopften. Je länger Antonius predigte, umso heftiger schwoll der Lärm an. Da gab er entmutigt auf und kehrte der Stadt den Rücken. Er folgte einem Fluss, bis dieser in das Meer mündete. Dort, am Ufer, stellte er sich hin. „Kommt, ihr Fische", schrie er gegen den Wind, „und hört auf das Wort des Herrn, das die Menschen in Rimini verschmähen! Kommt und lauscht!"

Hatten die Geschöpfe im Wasser den Lockruf von Antonius vernommen? Denn auf einmal wurde das Meer lebendig. Es wimmelte von Fischen, die sich zu dem Bettelmönch drängten. Viele dieser Fische waren in der Gegend noch nie gesehen worden. Sie sprangen freudig hoch, begrüßten so Antonius. Die kleinen Fischlein schlüpften unter den Flossen der anderen hindurch und sammelten sich ganz nahe bei dem Mönch, während die großen weiter draußen im Meer ausharrten. Keiner der Fische fügte dem anderen ein Leid zu. Sobald sie Platz gefunden hatten, standen sie ganz still in Reih und Glied und streckten die Köpfe aus dem Wasser, als wollten sie jedes Wort von Antonius mitbekommen. Dem Heiligen aber war ganz feierlich zumute. Seine Stimme zitterte.

„Meine Brüder", wandte er sich voller Ehrfurcht an die Fische, „preist den Schöpfer, der euch das Wasser zur Wohnung gegeben hat. Es ist salzig oder süß, ganz wie ihr es wollt. Hier findet ihr Verstecke zwischen den Felsen und Zuflucht vor den gewaltigen Stürmen. Der Herr schuf das Wasser durchsichtig und hell. Es weist euch die Wege, es

ernährt und erhält euch. Ihr habt Flossen zum Schwimmen, ihr habt Kiemen zum Atmen. Glaubt mir, Gott liebt die Fische. Als die Sintflut über die Erde kam und alle Lebewesen, die nicht in der Arche waren, elend sterben mussten, bewahrte er euch ohne Schaden. Einem riesigen Fisch war es vorbehalten, den Propheten Jonas zu retten und ihn wieder an das feste Land zu werfen. Dafür und für alles andere dankt dem Herrn! Lobt ihn, o meine Brüder!"

Die Fische schienen jedes Wort zu verstehen. Jetzt öffneten sie den Mund und neigten den Kopf. Antonius freute sich darüber. „Gepriesen sei der mächtige Gott, den sogar die Geschöpfe des Wassers ehren", sagte er. „Sie hören die Botschaft, vor der sich die Bürger von Rimini verschließen."

Ganz in der Nähe hatten ein paar Fischer ihre Netze ausgeworfen. Erschrocken wurden sie Zeugen des Wunders. Sie sprangen aus ihren Booten und eilten in die Stadt, um davon zu berichten. Während Antonius noch predigte, kamen immer mehr Bürger von Rimini. Still setzten sie sich zu seinen Füßen.

Da segnete Antonius die Fische und entließ sie in den Fluss und in das Meer. Dann wandte er sich den Menschen zu.

Ein Tag und eine Nacht, so lang wie zweihundert Jahre

(Die sieben Schläfer / 27. Juni)

Unter dem römischen Kaiser Decius hatten die Christen viel zu leiden. Der Herrscher ließ große Altäre auf den Märkten von Ephesus errichten. Wer an diesen Altären vorüberkam, musste die Knie beugen und den Göttern opfern, sonst wurde er vor den Richter gezerrt. Zahlreiche Christen waren bereits zum Tode verurteilt worden, weil sie ihrem Glauben nicht untreu werden wollten. Jeder Bürger von Ephesus, der ein Mitglied der christlichen Gemeinde an die Obrigkeit verriet, erhielt dafür reiche Belohnung. So kam es, dass selbst die Eltern ihren Kindern und die Kinder ihren Eltern misstrauten.

Während dieser Zeit dienten sieben junge Männer am kaiserlichen Hof. Nicht einmal ihre engsten Vertrauten wussten, dass sie getauft waren. Sie mieden die Opferaltäre in der Stadt und führten ein zurückgezogenes Leben. Nur manchmal, wenn sie Trost brauchten, trafen sie sich und beteten gemeinsam. Dabei überraschte sie der Kaiser. So nahe an seinem Thron hatte er keine Christen vermutet! Umso heftiger geriet er in Zorn. Aber weil die Männer dem Adel von Ephesus angehörten und noch ihr ganzes Leben vor sich hatten, gewährte er ihnen eine Frist von sieben Tagen. „Nach dieser Frist müsst ihr den Göttern opfern", drohte er, „sonst wird der Henker sein blutiges Werk an euch verrichten."

Sieben Tage können wie im Flug vergehen. Die jungen Männer wussten, dass es jetzt auf jeden Tag ankam. Heimlich verteilten sie alles, was sie besaßen, an die Armen und flüchteten dann in die Berge. Dort fanden sie eine Höhle, die vor ihnen noch kein Mensch betreten hatte. Sie lag versteckt im Dickicht, hinter einem Distelwald und hinter Dornengestrüpp.

Die Männer lebten in der Geborgenheit dieser Höhle wie in Gottes Hand. Niemand hätte sie entdeckt, wenn nicht der jüngste von ihnen ab und zu nach Ephesus geschlichen wäre, um Lebensmittel einzukaufen und Neuigkeiten zu erfahren. Diomedes verwandte viel Mühe darauf, sich als Bettler zu verkleiden. Trotzdem wurde er eines Tages von den Häschern des Kaisers erkannt. Ohne dass er es merkte, folgten sie ihm.

An diesem Abend brachte Diomedes seinen Gefährten schlimme Nachrichten mit. Der Kaiser, so wurde in Ephesus erzählt, hatte die Suche nach den Männern auf das Gebirge ausgedehnt. Seine Soldaten drangen selbst in unwegsames Gelände vor. Wie lange würde es noch dauern, bis sie das Versteck der Entflohenen ausfindig machten?

Niedergeschlagen saßen die Sieben in der Höhle. Als der Morgen dämmerte, sprachen sie immer noch miteinander und überlegten, wie sie der Rache des Kaisers entkommen konnten. Schließlich fielen sie in einen tiefen, festen Schlaf, der alle Schrecken von ihnen nahm. Unterdessen hatten sich die Verfolger bei der Höhle eingefunden. Auf Befehl des Herrschers rollten sie große Steine vor den Eingang. Ehe sie die Öffnung ganz zumauerten, steckten sie noch ein eisernes Kästchen zwischen die Steine. In dem Kästchen lag eine Pergamentrolle, die den kaiserlichen Urteilsspruch und die Namen der Sieben enthielt.

Jahr um Jahr verging. Ein Herrscher folgte auf den anderen. Kaum jemand erinnerte sich noch an den Christenhasser Decius. Zweihundert Jahre später regierte der Kaiser Theodosius. Er hielt Hof in Konstantinopel. Nur noch selten kam er nach Ephesus. Die einst so prächtigen Tempel der Stadt dienten jetzt als Steinbrüche oder waren in Kirchen umgewandelt worden. Der neue Glaube hatte gesiegt. Trotzdem zweifelten die Menschen immer wieder an dem christlichen Gott. „Er ist so fern", klagten sie. „Wie soll er uns helfen, wenn wir ihn brauchen?"

Eines Tages wollte ein Hirte den Weidegrund für seine Schafe erweitern. Er rodete auch das Dickicht vor der Höhle. Dabei stieß er auf den zugemauerten Eingang. Überrascht dachte er: „Die Steine kann ich zum Bau eines Stalles verwenden, und die Höhle dahinter eignet sich bestimmt als Unterschlupf für meine Herde, wenn Gewitter aufziehen."

Bis zum Abend hatte der Hirte das Mauerwerk Stück um Stück abgetragen. Am nächsten Morgen drang zum ersten Mal nach zweihundert Jahren ein Sonnenstrahl in das Dunkel und weckte den jüngsten der Sieben. Benommen dehnte und streckte sich Diomedes. Es dauerte eine Weile, bis er sich zwischen den Spinnweben zurechtgefunden und den Staub aus seinen Kleidern geklopft hatte.

Bald danach erwachten auch die anderen Männer. „Wir haben den ganzen Tag und die ganze Nacht geschlafen", staunten sie und berichteten einander über ihre Träume. Verwundert stellten sie fest, dass alle den gleichen Traum erzählten. Sie hatten in einer anderen, unbeschreiblich schönen Welt gelebt, an die sie sich aber nur noch mit Mühe und bruchstückhaft erinnern konnten – so, als hätte sich ein Nebel über diese Welt gelegt. Plötzlich schwiegen die Männer beklommen. Voller Angst dachten sie an den Kaiser. Bestimmt saß er in seinem Palast und sann auf Rache.

Sie mussten unbedingt erfahren, ob er ihnen bereits auf der Spur war. Deshalb schickten sie Diomedes in die Stadt hinunter. Als er aus der Höhle trat, stolperte er über die Reste der Mauer. Er stutzte einen Augenblick und versuchte sich zu erinnern.

Waren diese Steine gestern schon da gewesen? Etwas in ihm erschrak, doch er wusste nicht warum. Später dann, in der Stadt, überfiel ihn dieses Erschrecken von neuem.

Denn an dem großen Tor, durch das die Händler und die Bauern zogen, hing ein Kreuz. Wer wagte es, den Kaiser mit dem verhassten Zeichen herauszufordern? Diomedes traute seinen Augen nicht. Vorsichtshalber ging er um die ganze Stadtmauer herum. Aber überall sah er Kreuze. Sogar auf den Dächern der Häuser ragten sie in den Morgenhimmel.

Vergeblich suchte der jüngste der Sieben nach einer Erklärung für diese Veränderung. Selbst die Menschen kamen ihm merkwürdig vor. Sie trugen eine Kleidung, die er noch nie gesehen hatte. Auch ihre Sprache klang fremd in seinen Ohren. „Wohin bin ich geraten?" fragte er sich bestürzt. „Träume ich vielleicht noch immer?" Auf einmal spürte er den Wunsch, so rasch wie möglich diese Stadt zu verlassen, die Ephesus glich, obwohl sie es nicht sein konnte.

Diomedes musste nur noch Brot für die Gefährten kaufen. Deshalb betrat er eine Bäckerei und tat so, als würde er das Getuschel, das ihm galt, nicht bemerken. Kaum hatte er jedoch bezahlt, da wurde er von rohen Händen festgehalten. „Woher kommt dein Geldstück?" fragte der Bäcker lauernd. „Stammt die Münze vielleicht aus einem alten Schatz? Wer etwas Wertvolles findet, muss es dem Statthalter des Kaisers melden. So lautet das Gesetz." – „Ich verstehe nicht, wovon du redest", entgegnete Diomedes aufgebracht. „Das ist mein Geld, und es trägt die Prägung dieser Stadt."

Er nannte den Umstehenden die Namen seiner Eltern und seiner Brüder. Aber niemand erinnerte sich an diese Namen. Da warfen sie einen Strick um seinen Hals und schleppten Diomedes zum Statthalter. „Wir haben einen Betrüger gefangen", schrien sie den Menschen zu, die sich in den Straßen sammelten. Bald folgte ihnen ein langer Zug bis zu dem Palast, in dem früher einmal der Kaiser regiert hatte.

Der Statthalter, der jetzt hinter den wuchtigen Mauern wohnte, war sich unschlüssig, was er mit dem Fremden anfangen sollte. Zu wirr klang der Bericht des jungen Mannes. Offensichtlich erzählte er von einem ganz anderen Ephesus, das es vor zweihundert Jahren gegeben hatte, als der Wüterich Decius die Christen jagte. Doch diese Zeit lag schon so lange zurück, dass nur noch alte Schriftrollen davon erzählten.

Oder verstellte sich der Mann, damit er seine heimlich ausgegrabenen Münzen für sich behalten konnte? Vielleicht gehörte er sogar zu einer Bande von Schatzräubern...

„Lüg mich nicht an", schrie der Statthalter plötzlich. „Ich werfe dich in ein Verlies. Dort kannst du im faulenden Stroh und bei den Ratten über deine Geschichte nachdenken." Da wurde Diomedes ganz blass. „Wenn du mir nicht glaubst", rief er in höchster Angst, „dann komm doch mit und frag meine Gefährten!"

So geschah es auch. Mit dem Statthalter zogen alle Bürger von Ephesus hinauf in die Berge. Diomedes führte die Neugierigen bis vor die Höhle. Vorsichtig stieg der Statthalter über den Mauerschutt. Da entdeckte er zwischen den Steinen ein eisernes Kästchen. Er hob es hoch und ließ es von seinen Dienern öffnen. Sie reichten ihm die Pergamentrolle.

Immer wieder stockend, mit unsicherer Stimme, las er den kaiserlichen Urteilsspruch und die Namen der Verurteilten vor. Dann sank er auf die Knie, mit ihm fiel das ganze Volk nieder. Laut lobten alle den mächtigen Gott, der dieses Wunder bewirkt und den Männern das Entsetzen eines Hungertodes erspart hatte. Stattdessen waren sie in der Höhle gelegen wie im Schoß einer Mutter.

Obwohl eine warme Sonne schien, fröstelte die Sieben auf einmal. Nach zweihundert Jahren standen sie vor den Bürgern von Ephesus und wussten nicht, was sie sagen und was sie tun sollten. Zu fremd erschien ihnen alles. Wohin hatte sie der unerforschliche Gott geführt?

Sogar Kaiser Theodosius kam aus Konstantinopel, um die Männer zu sehen. Sein prächtiges Schiff legte im Hafen an. Es war, als hätten die Sieben auf diesen Augenblick gewartet. Sie beteten mit dem Herrscher. Danach legten sie sich still nieder und entschliefen.

Gott, der niemand vergisst, wird auch sie am Jüngsten Tag wieder auferwecken.

Der fröhliche Einsiedler und der Sonnenstrahl

(Goar / 6. Juli)

Goar war in seinem Leben schon viele Wege gegangen, bis er sich schließlich in einer Klause am Rhein niederließ. Der Strom floss dort schneller als sonst zwischen dunklen Hügeln und Felsen. Die Boote, die rheinabwärts fuhren, wurden immer wieder von Wirbeln erfasst, oder sie stießen gegen scharfkantige Hindernisse, die dicht unter der Wasseroberfläche lauerten. Manchmal verhakten sie sich auch im Schwemmholz. Goar kannte die Tücken des Rheins. Wenn er darum gebeten wurde, lenkte er die Reisenden mit ruhiger Hand durch alle Gefahren. Bald sprach sich herum, dass der Einsiedler wie kein anderer Bescheid wusste über den Strom, seine wechselnden Fahrrinnen und die Wassertiefe, die sich rasch ändern konnte.

Es verging kaum ein Tag, an dem Goar nicht als Lotse gebraucht wurde. Er gewann so das Vertrauen der Menschen. Ganz besonders schätzten sie sein fröhliches, geselliges Wesen. Goar hatte es gern, wenn Besucher zu ihm in die Einsamkeit kamen. Dann blitzten seine Augen, und sein Lachen schallte als Echo von den gegenüberliegenden Hängen zurück. Die Leute merkten bald, dass der Einsiedler kein Freund des Fastens war. Deshalb brachten sie mit, was immer sie entbehren konnten: einen Brotlaib und frischen, kühlen Wein im Krug, ab und zu sogar einen Schinken oder einen Sack voller Äpfel. Goar behielt die Geschenke nicht für sich, sondern teilte sie mit seinen Gästen. „Gott will, dass wir uns gemeinsam über diese Gaben freuen", sagte er dann und summte wie eine Hummel, die eine süß duftende Blume entdeckt hat.

Bis nach Trier, bis zum Bischof drang die Kunde, dass der Einsiedler am Rhein die Fastengebote nicht sehr ernst nahm. „In Goars Zelle treffen sich die Fresser und Säufer. Sie lassen Gott hochleben, während sie sich die Bäuche vollschlagen und den Wein in großen Mengen trinken." So tuschelten die Diener am Hof des Bischofs. Dabei warfen sie sich vorwurfsvolle Blicke zu. Ihrem gestrengen Herrn entgingen diese Blicke nicht.

Als er von den Ausschweifungen des Einsiedlers hörte, lief sein Gesicht rot an vor Zorn. „Schafft mir den Kerl her", befahl er. „Ich will ihn zur Rechenschaft ziehen."

Noch am gleichen Tag wurden zwei Geistliche zu Goar geschickt. Obwohl sie beritten waren, brauchten sie viele Stunden. Müde und zerschlagen erreichten sie schließlich die Klause des Einsiedlers. Der empfing seine Gäste ohne jeden Argwohn. Er bat sie, auf der Bank vor der Zelle Platz zu nehmen. Dann brachte er ihnen alles, was seine kleine Vorratskammer fasste. Als er den beiden Männern auch noch Wein ausschenken wollte, gaben sie sich zu erkennen.

„Wir kommen im Auftrag des Bischofs", sagten sie zu dem überraschten Einsiedler. Streng fragten sie ihn: „Warum hast du uns so üppig aufgetischt? Das gehört sich nicht für einen Priester!" Bei diesen Worten trat Goar einen Schritt zurück. „Ich verstehe euch nicht", antwortete er verlegen, und sein fröhliches Gesicht wurde plötzlich traurig. „Ihr könnt doch mit Liebe annehmen, was ich mit Liebe für euch zubereitet habe!"

Am anderen Morgen richtete er seinen Gästen ein kräftiges Frühstück her. Doch sie schüttelten nur abwehrend den Kopf und verlangten, dass er unverzüglich mit ihnen nach Trier gehe. „Du musst dich vor dem Bischof rechtfertigen. Der hohe Herr ist zornig auf dich", sagten sie. Doch Goar ließ sich davon nicht beeindrucken. Er setzte sich erst einmal an den Tisch und aß, bis er satt war. Dann folgte er den beiden Geistlichen, die ungeduldig auf ihren Pferden gewartet hatten. Unterwegs wollte er sie mit seinen Schnurren zum Lachen bringen. Aber sie verzogen keine Miene, blickten nur düster vor sich hin.

Der Tag war heiß. Die stickige Luft stand zwischen den Bäumen. Im unwegsamen Gelände mussten die Boten des Bischofs absteigen und ihre Pferde am Zügel führen. Es schien ihnen, als würde der Weg nach Trier, der über viele Hügel führte, immer länger. Sie begannen ihre leeren Mägen zu spüren. Ständig dachten sie an das Frühstück, das sie zurückgewiesen hatten, und je mehr sie daran dachten, umso schwindliger wurde ihnen vor Hunger. „Hilf uns", wandten sie sich schließlich an Goar. „Wir sind so schwach, dass wir uns kaum noch aufrecht halten können." Da bekam der Einsiedler Mitleid mit ihnen. Er lockte drei Hirschkühe herbei, die gerade aus dem Wald traten. Bereitwillig hielten sie still, während er sie molk. Ihre nahrhafte Milch gab er den Männern zum Trinken. Danach zogen sie gestärkt weiter und trafen am Abend in Trier ein.

Goar wartete vor dem großen Tor des bischöflichen Palastes. Seine beiden Begleiter aber eilten unverzüglich zu ihrem Herrn. Wie staunte dieser, als sie gar nicht mehr aufhören wollten mit ihrem Lob für den Mann am Rhein! Jetzt war der Bischof erst recht neugierig geworden. Er ließ Goar rufen und nahm ihn in ein strenges Verhör. Der Einsiedler wusste nicht, was er sagen sollte. Stumm vor Verlegenheit stand er im Prunksaal des bischöflichen Palastes. Noch nie hatte er so eine Pracht gesehen. Die vielen Spiegel und das glänzende, funkelnde Gold blendeten ihn. Was für eine Verschwendung...

In diesem Augenblick verirrte sich ein letzter Strahl der untergehenden Sonne in den Saal. Selbst die Kleiderstangen sind hier aus Gold, dachte Goar verblüfft. Siedend heiß war ihm während des Verhörs geworden. Deshalb zog er seinen Umhang aus, beutelte ihn ein wenig und hängte ihn dann über den Sonnenstrahl. Dort blieb er hängen. Jeder sah das Wunder, auch der Bischof.

Da gingen alle in sich, die den Einsiedler verleumdet hatten, und baten um Verzeihung. Der Bischof aber erhob sich von seinem Sitz. Er umarmte Goar. Seine Stimme klang seltsam heiser. „Diene Gott, wie du es für richtig hältst", sagte er. „Es gibt so viele Wege in den Himmel."

Der Meister, der Träume schicken konnte

(Benedikt / 11. Juli)

Obwohl sich Benedikt in eine Höhle fernab von den Städten zurückgezogen hatte, kamen immer mehr Menschen zu ihm. Sie waren neugierig auf den Einsiedler, weil er in vollkommener Armut lebte und nur Gott dienen wollte. Viele der Besucher kehrten der Welt für immer den Rücken. Bereitwillig folgten sie Benedikt als ihrem Meister. Es dauerte nicht lange, und dem Heiligen wurde der Andrang zu groß. Deshalb entschloss er sich, zwölf Klöster zu gründen, in die er jeweils zwölf Männer entsandte. Gleichzeitig bestimmte er, wer unter diesen Männern das Amt des Abtes und wer das Amt des Stellvertreters übernehmen sollte. Nur wenige Gefährten, die Benedikt noch weiter unterweisen wollte, behielt er bei sich. Dazu gehörten Maurus und Placidus. Beide stammten von vornehmen römischen Eltern ab. Während Maurus schon nach kurzer Zeit zu einem unentbehrlichen Helfer des Meisters wurde, war Placidus noch ein Kind, in allem arglos und unvorsichtig.

Eines Tages ging der Junge an den See, um Wasser zu schöpfen. Als er seinen Krug vom Ufer hinunter lassen wollte, gab er nicht Acht. Er verlor das Gleichgewicht und stürzte hinterher. Sogleich ergriff ihn die Strömung. Unerbittlich zog sie Placidus hinaus. Er war bereits einen Pfeilschuss vom Ufer entfernt und kämpfte verzweifelt mit den Wellen, als der Meister seine Hilferufe hörte. „Bruder Maurus", sagte er, „lauf so schnell du kannst und hol den Jungen zurück. Er ist in den See gefallen."

Maurus erbat den Segen des Abtes, dann rannte er los. Er rannte immer noch, als er den See erreichte, rannte bis zu der Stelle, wo Placidus im Wasser lag. Dort packte er den Ertrinkenden bei den Haaren, zog ihn hinter sich her an das Land. Erst als er wieder Boden unter den Füßen spürte, kam Maurus zu sich. Er blickte zurück und erkannte voller Schrecken, dass er die ganze Zeit auf dem Wasser gelaufen war. Zitternd vor Erregung erzählte er seinem Meister von dem Wunder. „Bestimmt hat mir dein Segen geholfen", schloss er seinen Bericht. „Nein, nicht der Segen", entgegnete Benedikt, „sondern dein Glaube. Gott war mit dir. Er ließ dich nicht untergehen."

Auch nach Terracina sandte Benedikt seine Mönche. Von einem frommen Mann hatte er ein Landgut in der Nähe der Stadt bekommen. Auf diesem Landgut sollte ein Kloster entstehen. Nachdem Benedikt den Abt und dessen Stellvertreter ausgewählt hatte, sagte er zu den Brüdern: „Geht nun voller Zuversicht." Aber die Brüder fürchteten sich vor einem Leben ohne den Meister. Benedikt bemerkte, wie unsicher sie waren. Deshalb vereinbarte er mit ihnen einen Tag, an dem er sie besuchen und nach dem Rechten sehen wollte. „Dann zeige ich euch, wo ihr die Kapelle, den Speisesaal und die Gästeherberge errichten sollt", versprach er.

Getröstet zogen die Mönche nach Terracina. Dort warteten sie auf den Meister. In der Nacht vor dem festgesetzten Tag erschien Benedikt dem Abt und seinem Stellvertreter im Traum. Er schritt mit ihnen die Plätze für die einzelnen Gebäude ab, tat dies mit großer Sorgfalt und Genauigkeit. Als die beiden Männer erwachten, berichteten sie einander von dem seltsamen Traum. Doch sie wussten nicht, ob sie ihren nächtlichen Gesichten trauen durften. Darum entschlossen sie sich, lieber den Heiligen zu fragen, der ja bald bei ihnen eintreffen musste. Aber der Meister erschien weder an dem festgesetzten Tag noch an den darauf folgenden Tagen. Nachdem einige Zeit verstrichen war, verließen die Mönche das Landgut. Traurig wanderten sie wieder heim. „Warum bist du nicht gekommen? Du hast uns im Stich gelassen", warfen sie dem Meister vor. „Wir hatten uns so auf dich gefreut! Jetzt sind wir enttäuscht von dir."

„Wie könnt ihr das behaupten, meine Brüder? Ich war doch bei euch", antwortete Benedikt verwundert. „Wann denn?" fragten sie ebenso verwundert zurück. „Bin ich denn nicht dem Abt und seinem Stellvertreter im Traum erschienen?" rief der Gottesmann. „Bis in alle Einzelheiten habe ich ihnen den Bauplan des Klosters erläutert. Geht darum zurück und errichtet die Gebäude nach meinen Anweisungen." Verwirrt schwiegen die Mönche. Groß war die Macht dieses Meisters. Sogar Träume konnte er ihnen schicken... Noch am gleichen Tag brachen sie erneut auf nach Terracina. Dort begannen sie ohne zu zögern mit dem Bau des Klosters.

In jener Zeit wurden die fruchtbaren Jahre immer wieder durch Hungerjahre abgelöst. Schwere Unwetter verwüsteten die Felder, oder sie trockneten unter der heißen Sonne aus. Wenn der Besitzer eines Gutes überhaupt noch etwas erntete, reichte es kaum für

seine eigenen Leute, geschweige denn für Fremde. Einmal, als die Not am größten war, verteilte Benedikt alle Vorräte des Klosters an die Hungernden. Selbst die Speisekammer hatte er geleert, nur ein wenig Öl war noch in einem Glasgefäß zurückgeblieben. Da kam ein armer Mann und bat darum. Der Heilige befahl dem Bruder, der die Vorräte beaufsichtigte, auch noch diesen letzten Rest des Öles zu verschenken. Doch der gehorchte nicht, sondern sandte den Bittsteller mit leeren Händen weiter.

Wenig später erkundigte sich Benedikt, ob er das Öl hergegeben hätte. „Nein", antwortete der Mönch, „sonst wäre jetzt nichts mehr für die Brüder da." Über die

Unbotmäßigkeit geriet Benedikt in heftigen Zorn und warf das Glasgefäß zum Fenster hinaus. Es stürzte den felsigen Abhang hinunter, schlug mehrfach auf harten Grund, blieb jedoch wunderbarer Weise unversehrt. Als der Heilige das sah, dachte er erschrocken: „Gott hat meinem Zorn eine Lehre erteilt."

Eilig holte er das Glas und übergab es dem armen Mann. Dann versammelte er die Brüder. Gemeinsam flehten sie den Vater im Himmel um Hilfe an. Während sie noch beteten, begann sich ein leeres Ölfass in ihrer Nähe zu füllen. Das Öl stieg immer weiter an, bis es den Deckel des Fasses hob und über den Rand floss. Nach einer Weile bemerkte Benedikt das Wunder. Er hörte überrascht auf zu beten. Im selben Augenblick stockte auch das Öl.

Nicht nur der Hunger setzte den Menschen zu. Noch mehr litten sie unter den fremden Eroberern. Vor allem die Goten ließen das römische Volk spüren, dass sie die neuen Herrscher waren. Ein Gote, der Zalla hieß, führte sich besonders schlimm auf. Eines Tages nahm er einen Bauern gefangen und folterte ihn, weil er vermutete, sein Opfer würde einen Schatz versteckt halten. Voller Verzweiflung schrie der Bauer: „Bei mir findest du nichts. Ich habe mein ganzes Vermögen dem Vater Benedikt anvertraut." Durch seine Lüge hoffte er, Zeit zu gewinnen. Sogleich trat ein Glitzern in die Augen des Goten. „Führ mich zum Hüter deines Schatzes", befahl er, und die Gier, die ihn gepackt hatte, war seiner rauen Stimme anzumerken. Hastig band er dem Bauern die Arme auf den Rücken. Dabei zog er die Lederriemen so fest, dass der Gefangene aufstöhnte. Dann stieß er ihn vor seinem Pferd her, bis sie beim Kloster anlangten.

Benedikt saß draußen vor dem Eingang und las. Eine große Ruhe ging von ihm aus. Nicht einmal das Geschrei des Goten brachte den Heiligen aus der Fassung. „Gib den Schatz des Bauern heraus, oder ich töte euch beide", tobte Zalla und fuchtelte mit den Waffen herum. Aber Benedikt tat so, als wäre der Krieger, der immer noch wüste Drohungen ausstieß, gar nicht vorhanden. Mitleidig sah er den Bauern an. In seinem Blick lag eine so unwiderstehliche Kraft, dass sich die Fesseln des Mannes lösten und zu Boden fielen. Da konnte der Gote nicht anders: Erschrocken stürzte auch er vor dem Heiligen in den Staub. „Vergib mir", stammelte er und begann zu weinen. Nie mehr verübte Zalla eine Grausamkeit.

Damals war Totila der König der Goten. Wie oft hatte er schon von dem Gottesmann gehört! Ganz besonders beeindruckte ihn, dass Benedikt in die Zukunft sehen konnte und immer wieder Ereignisse voraussagte, die wirklich eintrafen. Auf seinem Zug durch Italien wollte er deshalb dem Heiligen einen Besuch abstatten. Reitende Boten kündigten ihn im Kloster an. Weil er jedoch – wie viele Herrscher – misstrauisch war, stellte er den Heiligen auf die Probe. Sein Waffenträger Rigo, der ihm auffallend glich, musste zu diesem Zweck in die königlichen Kleider schlüpfen und die Schuhe des Königs anziehen. Außerdem wurde er mit kostbarem Schmuck behängt. Zahlreiche Herren und noch mehr Diener begleiteten ihn.

Es war ein prächtiger Zug, der sich dem Kloster näherte. Wie üblich trat der Gottesmann vor die Pforte, um seine Gäste zu empfangen. Kaum hatte er jedoch Rigo entdeckt, rief er laut: „Mein Sohn, leg das Gewand ab, das du trägst. Denn es gehört dir nicht." Da erschrak der falsche König und warf sich Benedikt zu Füßen. Beschämt kehrte das Gefolge um.

Jetzt wusste der Anführer der Goten, wen er vor sich hatte. Er erwies dem heiligen Mann alle Ehre und hörte aufmerksam auf seine Worte. „Lass ab vom Bösen, wenn du Rom eroberst", mahnte ihn Benedikt. „Bald wirst du auch Neapel einnehmen und über das Meer nach Sizilien fahren. Denk daran: Der Herr gibt dir neun Jahre, im zehnten Jahr aber fordert er dein Leben von dir zurück."

Den Gotenkönig erfüllte die Prophezeiung mit großer Furcht vor Gott. War er nicht der mächtigste Mann in ganz Italien? Und trotzdem gab es einen noch mächtigeren Herrscher, der eines Tages Rechenschaft von ihm verlangte. Wie rasch würden diese zehn Jahre vergehen...

Der Heilige unter der Treppe (Alexius / 17. Juli)

Manchmal ereignen sich seltsame Geschichten. Die folgende Geschichte ist eine der merkwürdigsten. Sie soll sich vor langer Zeit zugetragen haben, als noch der Römische Kaiser herrschte. Sein Reich zerfiel bereits, aber er hatte noch immer so große Macht, dass die Menschen vor ihm die Knie beugten und ihn verehrten. Größere Ehrfurcht brachten sie nur dem unsichtbaren Gott entgegen, dem Herrn über Leben und Tod.

Damals gab es in Rom ein reiches, vornehmes Ehepaar. Der Mann war Ratgeber des Kaisers. Er wurde bei allen wichtigen Entscheidungen gehört. Obwohl sein Gesinde seidene Kleider und silberne Gürtel trug, wusste er, wie sehr die Armut wehtun konnte. Deshalb befahl er, jeden Tag in seinem Palast drei Tische zu decken: einen Tisch für die Bettler, einen Tisch für die Pilger, die aus fernen Ländern nach Rom kamen, und einen Tisch für die Witwen und Waisen. Wenn es seine Amtsgeschäfte erlaubten, bediente er die Hungrigen, als wäre er ihr Knecht, und trug ihnen die Speisen auf.

Viele Jahre lebte der Mann mit seiner Frau in Eintracht. Zu ihrem vollkommenen Glück aber fehlte ein Kind. Inständig baten sie Gott darum. Manchmal, wenn sie zusammensaßen, träumten sie gemeinsam von diesem Kind und hörten seine fröhliche Stimme, die durch den Palast schallte.

Der Traum der Eheleute erfüllte sich, als sie schon nicht mehr daran glauben wollten. Die Frau gebar einen Sohn, der bei der Taufe den Namen Alexius erhielt. Er wuchs behütet heran und wurde in allen Künsten und Wissenschaften unterwiesen. Vor ihm, so schien es, lag eine helle, glanzvolle Zukunft. Doch Alexius wollte nichts wissen vom Reichtum seiner Eltern. Er sah die Armen, die täglich an die gedeckten Tische im Palast strömten, und er fühlte sich diesen Menschen nahe. „Was nützen mir alle irdischen Güter?", dachte er.

Mit Sorge beobachteten die Eltern, dass sich Alexius immer weiter von ihnen entfernte. „Er wird uns verlassen, wenn wir nichts dagegen tun", sagten sie voller Angst.

Nachdem sie lange miteinander beraten hatten, wählten sie für ihren Sohn eine Frau aus. Diese hieß Sabina und entstammte der kaiserlichen Familie. Alexius wusste nicht, wie ihm geschah. Die Vorbereitungen für die Hochzeit liefen an, und er stand mitten im Trubel, den die Dienerschaft veranstaltete, unfähig, etwas zu unternehmen oder sich zu wehren. Die Lähmung wich erst von ihm, als er am Abend nach der Hochzeit endlich allein war mit Sabina. Verlegen gab er ihr seinen goldenen Siegelring. „Bewahre ihn gut auf", bat er. „Ich kann nicht bleiben. Der Herr steht zwischen dir und mir. Er will mich ganz für sich."

Noch in der gleichen Nacht schlüpfte Alexius in seine Reisekleider, verließ heimlich den Palast der Eltern und ritt zum Hafen hinunter. Dort fand er ein Schiff, das gerade ablegen wollte. Zur Verwunderung des Kapitäns zahlte er anstandslos den geforderten, viel zu hohen Preis für die Überfahrt nach Syrien. Mit jedem anderen Ziel wäre Alexius ebenfalls einverstanden gewesen. Es drängte ihn nur weit fort in die Fremde. Das Wetter zeigte sich freundlich, und so kamen die Reisenden unter dem großen Segel, das im Wind knatterte, rasch vorwärts. In Laodicäa betrat Alexius wieder festes Land.

Eine innere Stimme hatte ihn in Rom zum Aufbruch gedrängt. Jetzt hörte er die gleiche Stimme noch einmal. Sie führte Alexius bis nach Edessa. Die Stadt war berühmt für ihre Kirche. Im Vorhof des Gotteshauses hockten die Armen und warteten auf die Gaben der frommen Pilger. Alexius verschenkte den Rest seines Reisegeldes an diese Bettler. Dann tauschte er sein Gewand gegen einen groben, vielfach geflickten Kittel und setzte sich vor die Pforte der Kirche. Jahrein, jahraus saß er dort im Schatten der mächtigen Mauern, während das Leben an ihm vorüberzog. Nur seine flüsternden Lippen verrieten, dass er betete und nicht schlief. Die Pilger aber wunderten sich über den stillen Mann, dessen Gesicht allmählich unter den langen Haaren und einem struppigen Bart verschwand. Ihre Almosen fielen so reichlich für ihn ab, dass er damit auch die anderen Bettler versorgen konnte.

Inzwischen war die Trauer in das Haus seiner Eltern eingezogen und ließ sich nicht mehr daraus vertreiben. Verzweifelt sandte der Vater seine Diener in alle Teile der Welt. Sie sollten Alexius suchen und wieder heimbringen. Einige von ihnen gelangten bis nach Edessa. Achtlos gingen sie an Alexius vorüber, denn sein Körper war ausgezehrt vom langen Fasten, und er roch wie die Armen ringsum. Einer der Diener warf ihm ein paar Geldstücke zu, die klirrend über die Steinfliesen sprangen.

Alexius hatte den Mann sofort erkannt. Aber er rührte sich nicht, seine Lippen blieben stumm.

Am Ende kehrten die Boten des Vaters niedergeschlagen, ohne jede Hoffnung zurück. Vielleicht, so vermuteten sie, war der Sohn ihres Herrn längst umgekommen in den Naturgewalten, die ihr furchtbares Spiel mit den Menschen trieben. Oder eine tückische Krankheit hatte ihn hinweggerafft, und niemand konnte sich mehr erinnern an ihn ... Die schlimme Nachricht traf die Eltern von Alexius mitten ins Herz. Sie wollten sich nicht trösten lassen, auch Sabina verschloss sich jedem Zuspruch.

Siebzehn Jahre blieb Alexius unerkannt, ein Bettler wie viele, nur dass er darüber nicht traurig wurde, sondern Gott dankte für das Geschenk der Armut. Doch wer kann in die Zukunft blicken? Allein der Herr des Himmels und der Erde weiß, was mit uns geschieht! Eines Tages meldete sich die Stimme wieder. Dieses Mal sprach sie aus dem Marienbild, das in der Basilika hing. „Warum sitzt Alexius, der treue Diener Gottes, an der Pforte der Kirche?", fragte die Gottesmutter. „Bringt ihn doch zu mir." Das hörte der Wächter und erzählte davon. Fortan verehrten die Pilger Alexius als einen Heiligen. Sie warfen sich vor ihm nieder und wollten seine Hände und seinen Kittel berühren. Alexius aber sträubte sich gegen den Ruhm. Alles ihn ihm sehnte sich nach der Verborgenheit. Deshalb flüchtete er aus Edessa und schiffte sich nach Tarsus ein.

Weil er die Überfahrt nicht bezahlen konnte, musste er sich als Ruderer verdingen. Ein weiteres Mal meldete sich die Stimme, die ihm bereits vertraut war. Alexius hörte, wie sie den Winden befahl, zu blasen und zu wüten. Da kam ein furchtbarer Sturm auf, der das große Segel zerfetzte und den Mast des Schiffes zerschlug. Wie ein Spielzeug wurde das Boot von den Wellen hochgeschleudert und wieder unter Wasser gedrückt, bis es steuerlos an ein Ufer trieb, das Alexius seltsam bekannt erschien. Gott, der Herr, hatte ihn in die Heimat zurückgeführt. Beklommen erinnerte er sich an seine Eltern und an seine Frau. „Ich will sehen, ob sie mich noch erkennen in meiner Armut", dachte er.

Auf dem Marktplatz in Rom herrschte ein gewaltiges Gedränge. Niemand achtete auf den Bettler mit seinem verfilzten Umhang. Alexius ging von Stand zu Stand und betrachtete die silberglänzenden Fische und die Früchte aus fernen Ländern. Wie groß war seine Freude, als er plötzlich das Gefolge seines Vaters und dann den Vater selbst entdeckte! Am liebsten wäre er ihm um den Hals gefallen! Aber er bezwang sein Ungestüm. Gefasst, voller Demut, stellte er sich dem mächtigen Herrn in den Weg.

„Ehrwürdiger", sprach er und fiel dabei auf die Knie. „Ich bin ein Fremdling und weiß nicht, wohin ich mich wenden soll. Seit Tagen habe ich nichts mehr gegessen. Nehmt mich auf um Eures Sohnes willen, der so lange schon verschollen ist. Glaubt mir: Ich bin mit den Brosamen zufrieden, die von Eurem Tisch fallen."

Diese Worte berührten den Vater auf wundersame Weise. „Weshalb erinnert mich der Fremde an meinen Sohn?", dachte er. Zum ersten Mal nach so vielen Jahren glomm wieder ein Hoffnungsfunken in ihm auf. Trotzdem erkannte er Alexius nicht. Es war, als würde ihm, wenn er den Bettler ansah, ein Schleier über seine Augen gelegt. Auch den Dienern erging es so; selbst die Mutter und Sabina merkten nicht, wer da im armseligen Gewand und mit ausgemergeltem Körper den Palast betrat. Bereitwillig hatte ihn der Vater mitgenommen. Sogar eine eigene Kammer und einen Diener wollte er Alexius zuweisen. Doch der begnügte sich mit den Speiseresten, die den Hunden vorgeworfen wurden. Anstelle der großzügig eingerichteten Kammer bezog er einen kleinen, stickigen Verschlag.

Dieser Verschlag lag unter der Treppe, die zu den Schlafgemächern führte. Jeden Morgen und jeden Abend hörte Alexius über sich die Schritte seiner Eltern und seiner Frau. Darüber zerbrach ihm fast das Herz. Dann betete er für sie und dachte daran, dass Gott ihn bis hierher geleitet hatte. Wann endlich würde er von den Menschen, die Alexius so vertraut und so lieb waren, die Blindheit nehmen?

Noch einmal verbrachte Alexius siebzehn Jahre in Armut, und mit jedem Jahr vergaßen die Hausbewohner den Fremden ein Stück mehr. Am Ende erschien er den Dienern so seltsam, dass sie nur noch Spott für ihn übrig hatten. Sie begossen Alexius mit Spülwasser oder hetzten die Hunde auf ihn. Doch der ließ alles geduldig über sich ergehen. Er dachte an das Kreuz, das der Sohn Gottes getragen hatte. Nun trug auch er dieses Kreuz der Verachtung. Als sein Ende nahte, verlangte er nach Pergament und Tinte und schrieb nieder, wer er war. Danach starb er auf dem Stroh im dunklen Verschlag, allein mit sich und einem kleinen Kreuz aus Holz. Fest wie nie zuvor hielt er es in den Händen.

Während Alexius für immer fortging, nahmen seine Eltern mit Sabina an einem Gottesdienst teil. Da ertönte eine Stimme in die feierliche Stille hinein. „Unerkannt weilte der arme Mensch Gottes unter euch. Kommt und sucht ihn", rief diese Stimme. Wie ein Donner hallte sie durch das Kirchenschiff. Erschrocken warfen sich die Gläubigen nieder. Nur der Vater von Alexius blieb stehen. Ein zweites und ein drittes Mal rief die Stimme: „Kommt und sucht den armen Menschen Gottes."

Erstarrt hörte der Vater zu. Auf einmal riss der Schleier vor seinen Augen. Er sah den Bettler, den er bei sich aufgenommen und nach so vielen Jahren kaum noch beachtet hatte. Mit einem Schrei stürzte er zur Kirche hinaus. Das ganze Volk strömte hinter ihm her; selbst der Kaiser und der Papst reihten sich in den Zug ein.

So fanden sie den toten Alexius in seinem Verschlag. Laut lasen sie, was auf dem Pergament stand. Da erfasste die Eltern und Sabina eine Trauer, für die es keine Worte gab. „Warum hast du nichts gesagt, Alexius?" stammelten sie voller Verzweiflung, und ihre Klagen stiegen zu dem unbegreiflichen Gott empor, der das alles zugelassen hatte.

Draußen vor dem Palast staute sich das Volk. Um die aufgeregte Menge abzulenken, befahl der Kaiser, Silbermünzen unter die Leute zu werfen. Aber die Wartenden wollten nur den Menschen Gottes sehen und ihn ehrfürchtig berühren. Darüber vergaßen sie sogar ihre Liebe zum Geld.

Der weite Weg
(Christophorus / 24. Juli)

„Seht, da kommt der Riese", flüsterten die Leute, wenn sich Ophorus zeigte. Rasch traten sie dann in den Schatten ihrer Häuser oder verbargen sich in einer der winkligen Gassen.

Die Bewohner des kleinen Ortes in Kanaan fürchteten sich vor Ophorus. Denn er war groß wie ein Baum und viel stärker als ein Bär. Seine buschigen Augenbrauen und der Bart, der bis zur Brust hinunterfiel, gaben dem Riesen ein grimmiges, finsteres Aussehen.

Ophorus hatte sich daran gewöhnt, dass er von den Menschen gemieden wurde. Er lebte in einer Hütte weit draußen am Rand der Wüste. Hier saß er oft stundenlang auf der Türschwelle und starrte vor sich hin. Er war traurig. Doch er wusste nicht, was ihm fehlte.

Eines Tages zog Ophorus mit seiner Schafherde durch das Dorf. Da begegnete er einem Ochsenkarren, der von der Straße abgekommen war. Zornig schlug der Fuhrmann auf die Ochsen ein. Als er den Riesen sah, verkroch er sich hinter dem Wagen.

Ophorus überlegte nicht lange. Er spannte die Zugtiere aus. Dann hob er das schwere Gefährt hoch, als ob es ein Spielzeug wäre, und stellte es behutsam zurück auf die Straße.

Die Leute aus dem Dorf hatten Ophorus beobachtet. Jetzt verließen sie ihre Häuser. Auch die Kinder liefen herbei. Neugierig umringten sie den starken Mann. „Du heißt zu Recht Ophorus, der Lastenträger", sagten die Dorfbewohner. „Niemand sonst kann so gewaltige Lasten heben."

Der Riese stand unbeholfen da, während sie an seinen Kleidern zupften und seine Muskeln befühlten. Zum erstenmal hatten sie keine Angst vor ihm. Immer mehr Menschen drängten sich um Ophorus.

Plötzlich hörte er die Stimme eines Kindes. „Warum dienst du nicht dem mächtigsten Herrn der Welt?"

Ophorus zuckte zusammen. „Wer ist der Herr der Welt?" wollte er wissen. Er bekam keine Antwort.

Der Riese wunderte sich. Gab es denn einen Herrscher, der mächtiger war als alle anderen? Nachdenklich pfiff er seinem Hund, der die Schafe zusammentrieb. Dann wandte er sich um. „Bleib doch bei uns", sagten die Dorfbewohner zu ihm. Aber der Riese schüttelte nur den Kopf.

In dieser Nacht schlief Ophorus sehr unruhig. Immer wieder musste er an die Frage des Kindes denken: „Warum dienst du nicht dem mächtigsten Herrn der Welt?" Der Schweiß stand ihm auf der Stirne

Schließlich erhob er sich von seinem Lager. „Ich will den Herrn der Welt suchen", murmelte er und griff nach dem Hirtenstab. Als er aus seiner Hütte trat, funkelten die Sterne am Himmel. Ophorus ging fort, ohne sich noch einmal umzusehen.

Auf der Suche nach dem mächtigsten Herrn durchwanderte der Riese viele Länder. Aber nirgends fand er den König der Könige, dem alle Menschen untertan waren. Schon wollte er wieder umkehren. Da sah er eines Tages eine Stadt, deren Türme goldene Dächer hatten. Diese Stadt lag auf einem Hügel und war von gewaltigen Mauern umgeben.

Ophorus folgte den Menschen, die zum Stadttor strömten. Vor dem Tor herrschte ein dichtes Gedränge. Als der Riese erschien, wurde es still auf dem Platz. Ängstlich wich die Menge zurück. Nur ein Bettler streckte Ophorus seine leere Schale entgegen.

„Wem gehört die Stadt?" erkundigte sich der Riese. „Unserem Kaiser", gab der Bettler zur Antwort, „dem mächtigsten unter den Herrschern. Niemand kann seine Soldaten zählen." Als Ophorus das hörte, fing er an zu tanzen. „Ich habe den Herrn der Welt gefunden", rief er und klatschte in die Hände.

Mit großen Augen schaute der Bettler zu. Weshalb freute sich der Riese? Vorsichtig berührte er den Arm des Tanzenden. „Soll ich dich zum Kaiser führen?" fragte er. „Bestimmt hält sich der Herrscher im Palastgarten auf. Man sagt von ihm, dass er die Blumen liebt und den Gesang der Vögel."

Ophorus unterbrach den Bettler. Er war voller Ungeduld. „Schnell, zeig mir den Weg", drängte er. Da nahm der Bettler seine Krücken und humpelte vor dem Riesen her. Sie zogen durch die Straßen der Stadt bis zum Palast, dessen Mauern in der Sonne schimmerten.

Hinter dem Palast erstreckte sich der Garten des Kaisers. Ophorus staunte über die seltsamen Bäume, die hier wuchsen. Es gab schattige Plätze und einen Teich, der mit Wasserrosen bedeckt war. An seinem Rand spazierte ein Pfau entlang. Während der Riese den Vogel beobachtete, erklang eine Musik von Flöten und Trommeln. Die Sänfte des Kaisers wurde vorübergetragen.

„Worauf wartest du noch?" fragte der Bettler und stieß Ophorus in die Seite. Dieser schreckte hoch. „Ich will dem mächtigsten Herrn der Welt dienen", rief er, so laut er konnte.

Neugierig beugte sich der Kaiser aus der Sänfte. Mit den Augen musterte er den Riesen. Er staunte über seine gewaltigen Schultern, über die Hände, die groß wie Schaufeln waren. „Bleib bei mir", sagte er schließlich und nickte Ophorus zu.

Schon bald wurde deutlich, dass der Kaiser Vertrauen zu dem neuen Gefolgsmann hatte. Der Riese durfte hinter dem Thron stehen, wenn sich die Fürsten des Reiches versammelten. Er bediente seinen Herrn bei Tisch und legte ihm die Speisen auf den goldenen Teller.

Manchmal schob der Kaiser das Essen achtlos weg, weil ihn Sorgen bedrückten. Dann ließ er den Hofnarren kommen, der in wilden Sprüngen durch den Saal tanzte und dazu Grimassen schnitt. Eines Abends hatte der Narr seine Laute in der Hand. Er wollte ein Lied vom Teufel singen. Als der Name des Bösen fiel, zuckte der Kaiser zusammen. Sein Gesicht wurde blass.

Der Riese wunderte sich über den Herrscher, der wie erstarrt auf dem Thron saß. „Wovor fürchtest du dich?" fragte Ophorus. Doch der Kaiser gab keine Antwort. Er hielt die Augen geschlossen und schien in sich hineinzuhorchen. So blieb er lange Zeit, danach erklärte er mit leiser Stimme: „Ich habe Angst vor dem Teufel. Er kann uns alle ins Verderben stürzen."

„Angst vor dem Teufel?" wiederholte der Riese und trat einen Schritt zurück. „Dann bist du nicht der mächtigste Herr der Welt!" Da zitterte der Kaiser. „Du hast recht", sagte er. „Der Herr der Finsternis ist mächtiger als ich."

Noch in der gleichen Nacht verließ Ophorus den Palast. „Wohin gehst du?", schrien die Wachsoldaten dem Riesen nach. „Ich suche den Teufel", antwortete dieser. „Kein Mensch hat so große Macht wie der Herr der Finsternis. Ihm will ich dienen."

Diese Nacht war so finster, dass Ophorus kaum den Hirtenstab in seiner Hand sehen konnte. Trotzdem lief er, ohne zu rasten. Als der Morgen dämmerte, zog ein dichter Nebel auf. Die Bäume und Büsche am Wegrand schienen lebendig zu werden. Mit ihren langen Armen griffen sie nach dem Riesen.

Zum erstenmal spürte Ophorus Furcht. Verwirrt blieb er stehen. Da hörte er den Hufschlag eines Pferdes. Aus dem Nebel tauchte ein Reiter auf, dessen Umhang scharlachrot leuchtete. „Was tust du hier?" fragte der Fremde. Seine Stimme klang hart und abweisend.

„Ich suche den Teufel", antwortete Ophorus. „Man sagt, er sei der mächtigste unter den Herrschern. Wenn das stimmt, will ich ihm Gefolgschaft leisten." Bei diesen Worten hob der Fremde sein dunkles Gesicht, in dem die Augen wie zwei Feuer brannten. „Komm mit!", forderte er den Riesen auf. „Du wirst es nicht bereuen. Denn ich bin der Herr, den du suchst."

Ophorus schaute den Reiter erstaunt an. Sollte das der König der Könige sein, der die ganze Welt regierte? Während er noch zögerte, erschien ein schwarzes Pferd. „Steig auf", befahl der Teufel. Der Riese hatte das Gefühl, als sei die Luft zu Eis erstarrt. Da gehorchte er.

Es dauerte nicht lange, und Ophorus merkte, welche Macht sein neuer Herr besaß. Wohin sie auch kamen, schürte der Teufel Hass und Streit. Unter seinem Einfluss veränderten sich die Menschen. Sie verachteten die Armen und Notleidenden. Aus Freunden wurden Feinde, die sich erbittert bekämpften.

Endlich habe ich den Herrn der Welt gefunden, dachte der Riese. Er war stolz darauf, dass er dem Teufel diente, und erfüllte ihm jeden Wunsch. Wenn der finstere Herrscher es wollte, zerstörte Ophorus sogar die Lehmhütten der Bauern oder raubte das Vieh auf den Weiden.

Eines Tages zogen sie eine kleine Straße entlang. Die Sommerhitze hatte den Boden ausgetrocknet, so dass der Staub in dünnen Fahnen hinter ihnen herwehte. Plötzlich scheuten die Pferde. Als der Riese aufblickte, entdeckte er am Wegrand ein Kreuz. Es war aus rohen Balken gezimmert.

Auch der Teufel hatte das Kreuz gesehen. Fluchend lenkte er seinen Gaul zur Seite. Sie bahnten sich einen Pfad durch wildes Gestrüpp und gelangten erst nach vielen Mühen wieder zurück auf die Straße.

Ophorus ärgerte sich. „Weshalb hast du mich einen Umweg geführt?", fragte er den Teufel. Doch der ritt schweigend weiter. Nach einer Weile wurde der Riese ungeduldig und drohte: „Gib mir eine Antwort, sonst verlasse ich dich!" Da besann sich der Böse. Mit heiserer Stimme sagte er: „Ich fürchte mich vor dem Kreuz. Denn dieses Zeichen erinnert an Jesus Christus."

„Jesus Christus?" Der Riese wiederholte den Namen, den er noch nie gehört hatte. Er schüttelte den Kopf. Durch die ganze Welt war er gewandert, und nun stand er wieder am Anfang seiner Suche. Voller Zorn stieg Ophorus von seinem Pferd. „Nimm zurück, was dein ist", sprach er zum Teufel. „Wer Angst hat, bei dem kann ich nicht länger bleiben."

Dann ergriff er seinen Hirtenstab und entfernte sich mit großen Schritten. In allen Städten und Dörfern, durch die er kam, fragte er nach dem mächtigsten der Herrscher, Jesus Christus. Aber die Leute zuckten nur mit den Schultern oder machten ein erstauntes Gesicht. Der Riese wandte sich unwillig ab. Hatte ihn der Teufel betrogen? Wo lag das Königreich, das Jesus gehörte?

Auf seiner Suche durchquerte Ophorus endlose Wälder. Mit einem Schiff fuhr er über die Meere. Kein Weg erschien ihm zu weit, kein Berg zu hoch.

Nach vielen Jahren gelangte er schließlich zu der Hütte eines Einsiedlers. Sie war aus Zweigen geflochten und gewährte einen notdürftigen Schutz gegen Wind und Wetter. Der Einsiedler hockte an der Feuerstelle. Er wärmte die Hände über den Flammen. Als sich Ophorus zu ihm setzte, nickte er freundlich.

„Warum lebst du fern von den Menschen?" wollte der Riese wissen. Neugierig betrachtete er sein Gegenüber. Der alte Mann hatte lange weiße Haare. Er trug ein Gewand aus Ziegenfellen, das mit einem Strick umgürtet war. „Ich bin gern allein", antwortete der Mann. „Hier in der Wildnis kann ich ungestört meinem Herrn Jesus Christus dienen."

Als Ophorus das hörte, sprang er auf. Erregt packte er den Einsiedler bei den Händen und drängte: „Erzähl mir mehr von deinem Herrn. Auch ich möchte ihm dienen. Was soll ich tun für ihn?" Während Ophorus noch fragte, hob der Alte erstaunt den Kopf. „Du musst beten und fasten wie ich", erklärte er und schaute den Riesen an. „So will es Jesus."

Diese Auskunft gefiel Ophorus ganz und gar nicht. Er stampfte auf den Boden. „Dein Herr soll etwas anderes von mir verlangen", rief er. Richtig wütend war er geworden.

„Was denkst du eigentlich?", schimpfte Ophorus. „ Mein Körper ist groß und stark. Ich brauche viel zu essen, und ich kann nicht dauernd still sitzen und beten."

Der Einsiedler überlegte. Wie oft hatte er schon Ratsuchenden geholfen! Aber bei dem Riesen fühlte er sich unsicher. Plötzlich kam ihm ein Gedanke. Er sagte: „ Nicht weit von hier gibt es einen reißenden Fluss. Die Menschen, die durch das Wasser an das andere Ufer müssen, gefährden ihr Leben. Trage sie hinüber. Auf diese Weise dienst du unserem Herrn."

Ophorus hatte aufmerksam zugehört. Seine Augen glänzten. „Wo liegt der Fluss?", fragte er und ließ sich den Weg beschreiben. Am liebsten wäre er sofort aufgebrochen. Doch der alte Mann hielt ihn fest. „Bleib noch bei mir", bat er. „Die Dunkelheit kommt, und ich will dir mehr von Jesus erzählen."

Als der Riese am nächsten Tag den Fluss sah, wich er überrascht zurück. Das Wasser schäumte gegen die Ufersteine. Es glich einem wilden Tier, das auf Beute lauert und plötzlich zuschlägt.

Ophorus musste lange suchen, bis er einen geschützten Platz entdeckte. Dort errichtete er eine Hütte. Von nun an trug er alle Menschen, die bei ihm anklopften, über den Fluss. Schon bald sprach sich herum, was der Fremde tat. „Der mächtige Gott hat uns einen Fährmann geschickt", sagten die Bauern und Hirten, die Frauen und Kinder, denen er half.

So vergingen die Jahre. Der Rücken des Riesen begann sich zu krümmen, und sein Bart wurde grau. Eines Abends hörte Ophorus einen hellen Ruf: „Bring mich hinüber!" Als er vor die Hütte trat, blieb alles still. Ich habe geträumt, dachte er.

Da erklang die Stimme ein zweites Mal. Aber niemand zeigte sich. Nur das Mondlicht schimmerte auf dem Fluss, der ruhiger als sonst dahinströmte. Nach dem dritten Ruf stand plötzlich ein kleines Kind neben dem Riesen. Wortlos deutete es zum anderen Ufer. Ophorus fasste das Kind mit seinen starken Händen und hob es auf die Schultern.

Als der Riese durch das Wasser schritt, kam ein mächtiger Wind auf. Die schwarzen Wolken am Himmel flogen pfeilschnell dahin, und der Fluss fing an zu brausen und zu toben.

Ophorus musste sich mit seinem Stab gegen die Wellen stemmen, die höher und höher stiegen. Er keuchte vor Anstrengung. Jetzt wurde auch das Kind auf seinen Schultern immer schwerer, so dass er glaubte, im Fluss zu versinken. Eine schreckliche

Angst ergriff den Riesen. Verzweifelt bat er: „Herr, hilf mir", während die Wogen über seinem Kopf zusammenschlugen.

Da spürte er auf einmal festen Boden unter den Füßen. Das Wasser ging zurück. Erschöpft kauerte sich Ophorus am jenseitigen Ufer des Flusses nieder. Als das Kind von seinem Rücken kletterte, seufzte der Riese: „Wenn ich die ganze Welt getragen hätte, sie wäre nicht schwerer gewesen."

„Du hast viel mehr getragen. Denn ich bin Christus, der Herr der Welt", antwortete das Kind. Nach diesen Worten verschwand es. Ophorus hörte nur noch eine Stimme, die zu ihm sprach: „Nimm deinen Hirtenstab und pflanze ihn in die Erde. Das tote Holz wird zum Leben erwachen. So erkennst du, dass ich die Wahrheit sage."

Der Riese fühlte eine unendliche Müdigkeit. Er steckte den Stab in den Boden und legte sich daneben. Als er am nächsten Morgen die Augen öffnete, brannte die Sonne vom Himmel. Auf sein Gesicht aber fiel der Schatten eines Baumes, an dem köstliche Früchte hingen.

Voller Freude sah er zu dem grünen Blätterdach hinauf. Das Kind hatte ihn mit einem Wunder beschenkt. Aus Ophorus, dem Träger, war Christophorus, der Christusträger, geworden.

In Carcassonne kämpfen sie gegen mich

(Dominik / 8. August)

Dominik, der Mann Gottes, kam als Sohn reicher Edelleute zur Welt. Während der Schwangerschaft hatte seine Mutter von einem Hund geträumt, der eine brennende Fackel zwischen den Zähnen trug. Mit dieser Fackel entzündete er die ganze Welt. Als die Träumende vor Schreck erwachte, bewegte sich das Kind in ihrem Leib und strampelte ungestüm. Die Mutter wusste nicht, wie sie den Traum deuten sollte. „Vielleicht wird mein Sohn eines Tages ein Wächter Gottes", flüsterte sie und dachte an den Hund. „Oder er entfacht wie eine Fackel das Glaubensfeuer in den Menschen..."

Bei der Geburt zeigte sich auf der Stirn des Kindes ein heller, fast sternenhafter Glanz. Sobald Dominik krabbeln konnte, kletterte er aus der Wiege und legte sich auf dem Steinboden nieder. Auch später, als er von Ort zu Ort zog und die frohe Botschaft verkündete, wollte er nie in einem Bett schlafen, sondern nahm mit der nackten Erde vorlieb.

Dominik zählte erst vierzehn Jahre, als ihn seine Eltern an die Schule nach Palencia schickten. Dort sollte er zum Priester ausgebildet werden. Damals gab es nur wenige Bücher, denn jedes Buch wurde von Hand geschrieben. So ein Buch war mehr wert als ein Paar Ochsen. Dominik, der Sohn wohlhabender Eltern, besaß sogar eine kleine Bibliothek kostbar ausgeschmückter Bände. Sein ganzer Stolz galt dieser Bibliothek. Die anderen Priesterschüler aber beneideten ihn darum.

Palencia liegt auf der Hochebene von Kastilien. Dort weht ein kalter Wind, der im Sommer einer erbarmungslosen Hitze weicht. Ihre Glut, die alles ausdörrt, konnte das Leben zur Hölle machen. Immer wenn die Sonne die Ernte verbrannte, drohte den Menschen in Kastilien eine Zeit der Not. Auch Dominik erlebte diese Not. Die Vorräte in den großen Speichern gingen zur Neige, und das Brot wurde so teuer, dass es sich die Armen nicht mehr leisten konnten. Zwar blieb der Edelmann Dominik verschont vom Hunger, doch er litt unter dem Elend der kleinen Handwerker und Tagelöhner. Ihre Augen schauten ihn bittend an, sobald er seine Schule verließ. Überall streckten sich ihm dürre Hände entgegen.

Die Hitze dauerte quälend lang. Selbst in den Zisternen trocknete das Wasser aus. Es wurde weit hergeholt und stieg täglich im Preis. Als die Not am größten war, entschloss sich Dominik, seine wertvolle Bibliothek zu verkaufen. Noch einmal blätterte er in den schweren Bänden, an denen sein Herz hing. Prüfend strich er mit den Fingern über das Pergament. Er wusste, dass es aus Tierhäuten bestand, die mühselig bearbeitet wurden, bis sie sich glatt und geschmeidig anfühlten.

Nach einem letzten Blick auf die Bilder in den Büchern trug er seinen Schatz zu einem Händler. „Warum tust du das?" fragten ihn seine Freunde vorwurfsvoll. Dominik schüttelte den Kopf über diese Frage. „Was soll ich denn mit toten Häuten, wenn die Menschen vor Hunger und Durst sterben?" gab er zurück. „Mit dem Geld, das ich für meine Bibliothek bekomme, kann ich die Not in der Stadt lindern."

So war es dann auch. Aus dem Erlös der Bücher kaufte Dominik Brot und Wasser für die Armen von Palencia. Bald sprach sich herum, was der junge Edelmann getan hatte. Selbst der Regen, der nach Monaten fiel, wischte die Erinnerung an Dominiks Hilfe nicht fort. Im Gegenteil: Überall wurde er für seinen Großmut gerühmt. Auch ein hoher Geistlicher aus dem Bistum Osma hörte davon. Obwohl Dominik noch sehr jung war, holte er ihn an die Bischofskirche.

Diego, so hieß der Geistliche, wollte keine Reichtümer anhäufen. Er lebte mit den anderen Domherren wie in einem Kloster. Sie versammelten sich regelmäßig zum Gebet und lasen gemeinsam die heiligen Bücher. In Diego fand Dominik einen Lehrmeister und einen Freund. Unzertrennlich hielten sie zusammen. Dem älteren der beiden stand eine glänzende Zukunft offen. Kaum war er zum Bischof gewählt worden, da sandte ihn der König von Kastilien als Brautwerber in die Länder, die im Norden lagen. Er musste Ausschau halten nach einer Prinzessin für den Herrscher. Dominik, wie könnte es auch anders sein, begleitete ihn dabei.

Zum ersten Mal verließen sie ihre Heimat, in die Dominik nie mehr zurückkehren sollte. Auf der mühseligen Reise sahen sie voller Bestürzung, wie reich und selbstgefällig, wie unempfindlich gegen das Elend die Kirche geworden war. Kein Wunder, dass sich die Armen enttäuscht von ihr abwandten. In Südfrankreich liefen sie sogar zu einem neuen Glauben über. Seine Anhänger nannten sich Katharer, das heißt: die Reinen. Sie verabscheuten die Welt als schlecht und böse. Wer das Leben genoss oder sich an etwas Schönem freute, beging eine Sünde. Bei den Katharern konnten nur diejenigen Vorsteher werden, die in vollkommener Armut lebten und auf jedes Glück verzichteten.

Fassungslos wurden Diego und Dominik Zeugen, auf welche Weise die päpstlichen Gesandten mit diesen Abtrünnigen umgingen. Hoch zu Pferd und prächtig gekleidet zogen sie in die Städte ein, gefolgt von ihrem großen Tross. Auf den Marktplätzen und in den Kathedralen verkündeten sie mit gebieterischer Stimme die Strafen, die allen Katharern drohten. Die Anhänger des neuen Glaubens aber spotteten nur über die Gesandten und trieben sie wieder zu den Toren hinaus. Manche beließen es auch nicht bei Schmährufen, sondern griffen gleich zu Steinen. Mit ihren Schildern, die sie ängstlich über die Köpfe hielten, wehrten die Flüchtenden den Geschosshagel ab.

Die beiden Kastilier erschraken über so viel Unversöhnlichkeit. Diese Katharer, dachten sie, kann man nicht durch Strafen zurückgewinnen, sondern nur, wenn man ihren Glauben ernst nimmt und ohne Besitz lebt wie sie. Kurzentschlossen schickte Bischof Diego die bewaffneten Männer, die ihn beschützen sollten, und die Wagen mit den kostbaren Gewändern und Gerätschaften in die Heimat zurück. Er behielt lediglich seinen Freund Dominik und ein paar Geistliche bei sich. Befreit von allen Zeichen der Macht und des Reichtums wanderte die Gruppe durch das Gebiet der Abtrünnigen, um dort zu predigen.

Dominik war kein guter Prediger. Er musste nach Worten suchen, wenn er sprach, und es kam auch vor, dass er plötzlich stockte. Aber die Leute hatten schon genügend Blender erlebt, die nicht an das glaubten, was sie so mitreißend verkündeten. Da gefiel ihnen der bescheidene Priester, der auch zuhören konnte, viel besser. Bedächtig wog er die Antworten auf ihre Fragen ab. Tagelang, manchmal sogar wochenlang führte er Streitgespräche mit den Vorstehern der Katharern. Allmählich begannen sie seine Hartnäckigkeit zu fürchten. Eines Tages, so wird erzählt, sandte er ihnen einen Brief mit einer Predigt, die sie lesen sollten. Doch sie warfen den Brief ungeöffnet ins Feuer, aus dem er sogleich wieder heraussprang. Auch als die Predigt ein zweites und noch ein drittes Mal den Flammen übergeben wurde, vermochte ihr das Feuer nichts anzuhaben.

Die Streitgespräche mit den Katharern kosteten Dominik viel Kraft. Trotzdem gab er nicht auf. Seine Begleiter wunderten sich, dass er ständig im Bistum von Carcassonne predigte und nicht im benachbarten Bistum von Toulouse. „Warum machst du diesen Unterschied?" fragten sie ihn. Darauf antwortete Dominik: „Die Menschen in Toulouse begegnen mir freundlich und voller Liebe. In Carcassonne aber kämpfen sie gegen mich. Deshalb bin ich dort."

Von den anstrengenden Auseinandersetzungen erholte sich Dominik im Gebet. Den Tag, so heißt es in den alten Erzählungen, teilte er mit den Menschen, die Nacht mit

Gott. Wenn das gemeinsame Abendgebet beendet war, blieb er noch länger in der Kirche und trug Gott seine Sorgen und Bitten vor. Immer wieder geschah es, dass er dabei in Weinen ausbrach oder zum Vater im Himmel schrie. Ergriffen lauschten dann seine Brüder.

Einmal war Dominik Gast in einem Kloster. Nach der Predigt, die er den Mönchen hielt, verharrte er im Gebet und kam auch nicht zum Mittagsmahl. Deshalb schickte der Abt einen der Brüder in die Kirche, der ihn holen sollte. Der Bruder traf den Heiligen an, wie er betend über dem Boden schwebte. Still wartete er, bis Dominik aus seiner Verzückung erwachte und wieder auf die Erde zurückkehrte. Dann erst sprach er mit ihm.

Nach einiger Zeit wurde Bischof Diego überraschend in die Heimat zurückgerufen. Bald darauf verstarb er. Dominik machte jedoch unverdrossen weiter. Immer mehr Brüder sammelten sich um den Mann Gottes. Was sie zum Essen brauchten, erbaten sie an den Haustüren, die oft genug vor ihnen zugeschlagen wurden. Aber die Ärmsten der Armen ließen sich dadurch nicht entmutigen. Eines Tages, als ihre Speisekammer wieder einmal leer war, sandte Dominik zwei Brüder in die Stadt. Die beiden kamen zurück mit einem Brot, das kaum für drei oder vier von ihnen reichte. Mehr hatten sie nicht bekommen.

Traurig bat Dominik seine Brüder – damals waren es bereits vierzig – zum Essen und segnete die karge Speise. Nachdem sie sich gesetzt hatten, betraten zwei Männer den Raum. Sie trugen die gleiche Kutte wie die Versammelten. Trotzdem kannte sie keiner, auch nicht Dominik. Schweigend gingen die Fremden zwischen den Tischen umher und teilten Brote aus, die sie in Körben mitgebracht hatten. Der Vorrat aus diesen Körben schien unerschöpflich zu sein. Als erster fasste sich der Heilige. „Seid alle fröhlich", rief er in die staunende Runde, „und dankt Gott für seine Barmherzigkeit." Da verschwanden die beiden Männer, wie sie gekommen waren.

Dominik hatte angeordnet, dass die Brüder stets zu zweit durch das Land zogen. Auch der Heilige wanderte mit einem Gefährten von Ort zu Ort. Einmal gelangten sie an einen großen Fluss. Dort folgten sie den anderen Reisenden und ließen sich von einem Boot ans andere Ufer bringen. Als der Fährmann seinen Lohn forderte, antwortete Dominik: „Ich bin ein Jünger von Jesus Christus, der kein Geld besaß." Darüber geriet der Fährmann in maßlosen Zorn. Er packte den Heiligen an der Kapuze und schüttelte und beschimpfte ihn. Voller Angst rief Dominik Gott um Beistand an. Kaum hatte er seine Bitte geäußert, da entdeckte er einen Goldpfennig auf dem Boden. Erleichtert sagte er zu dem Fährmann: „Mein Bruder, nimm dieses Geld und lass mich in Frieden ziehen."

Auf einer ihrer Reisen begegneten Dominik und sein Gefährte Bertrand deutschen Pilgern. Sie wurden herzlich eingeladen, sich der Gruppe anzuschließen. Nach einigen Tagen nahm Dominik den Bruder beiseite. „Ich bin traurig", sagte er. „Wir sitzen am Tisch der Deutschen und essen ihr Brot, ohne ein Wort von ihnen zu verstehen. Deshalb sollten wir Gott um die Gabe bitten, dass wir mit unseren Freunden sprechen und ihnen danken können."

Der Herr erhörte Dominiks Flehen. Sie blieben noch ein paar Tage bei den Pilgern, und alles staunte, als sie auf einmal in deutscher Sprache zu predigen begannen. Dabei redeten sie so feurig, dass die Pilger gebannt lauschten. Nachdem sich die Brüder von den Deutschen getrennt hatten, ermahnte Dominik seinen Gefährten. „Ich will nicht für einen Heiligen gehalten werden, ich bin nur ein armer Sünder", sagte er zu Bertrand. „Darum sprich nicht vor meinem Tod über das Wunder, das du gerade erlebt hast."

Es gibt noch viele Geschichten vom armen Prediger Dominik. Sie alle zeigen, dass er ein Mann Gottes war. Wie eine Fackel brannte der Glaube, den er in den Menschen entzündete.

Der Zug der Armen
(Laurentius / 10. August)

Der römische Kaiser Valerian war ein mächtiger Mann. Zu seinem Reich gehörten viele Länder. Überall huldigten ihm die Menschen und warfen sich vor ihm nieder. Seine Soldaten bewachten die Grenzen des Reiches. Sie zogen in den Krieg gegen feindliche Völker. Diese Kriege kosteten Geld, viel Geld.

Valerian führte ein verschwenderisches Leben. Er bewirtete seine Gäste mit üppigen Speisen. Bei den Festen des Kaisers wurden Feuerwerke abgebrannt, die den nächtlichen Himmel über Rom erleuchteten. Die Sänger und Tänzer, die Schauspieler und Spaßmacher, die vor dem Herrscher auftraten, erhielten kostbare Geschenke.

Manchmal stellte sich Valerian an ein Fenster des Palastes und warf Goldstücke unter das Volk, das seinen Namen rief. Er freute sich über den Jubel. Immer wieder griff er in den Krug, der neben ihm stand, und ließ das Gold auf die Menschen niederregnen.

Eines Tages trat der höchste Minister vor den Kaiser. „Herr", sagte er, „die Schatzkammern sind leer. Wir können nicht einmal deine Diener bezahlen. Auch die Soldaten an den Grenzen warten auf ihren Lohn."

Valerian wurde blass. War er nicht der Herrscher eines gewaltigen Reiches? Und trotzdem hatte er kein Geld mehr! Zornig trommelte er mit den Fäusten auf die Lehnen seines Thrones.

Der Minister wartete eine Weile. Schließlich räusperte er sich und sagte: „Du kennst doch die Christen. Sie weigern sich, den römischen Göttern zu opfern. Zwinge sie durch ein Gesetz, unsere Götter zu verehren. Wer das Gesetz nicht einhält, wird mit dem Tode bestraft. Die Güter der Verurteilten, ihre Häuser und ihr Geld sollen dir gehören. Denn du bist der Kaiser."

Valerian gefiel der Ratschlag des Ministers. Wie oft hatten seine Diener von den geheimen Schätzen der Christen gesprochen! Mit diesen Schätzen würde er die leeren Kassen des Reiches wieder auffüllen... Der Kaiser ließ seinen Schreiber kommen. Bald ritten Boten in alle Himmelsrichtungen und verkündeten das neue Gesetz.

Die Christen hatten schon viele Verfolgungen erlebt. Sie feierten ihre Gottesdienste heimlich während der Nacht oder am frühen Morgen. Aber die Spitzel des Kaisers lauerten überall. Immer mehr Christen wurden vor den Richter geschleppt. Manche opferten den römischen Göttern, um ihr Leben zu retten. Andere blieben standhaft. Sie ließen sich durch die Drohungen des Richters nicht einschüchtern. „O Herr des Himmels und der Erde", so flehten sie, „beschütze uns in dieser finsteren Zeit!"

Unter den gefangenen Christen war auch der Bischof von Rom, Papst Sixtus. Die Soldaten des Kaisers spürten ihn in seinem Versteck auf. Mit derben Schlägen trieben sie den Bischof durch die Gassen bis zum Gericht. Der alte Mann wehrte sich nicht. Er sah müde aus und gebrechlich. In sein Gesicht hatte der Kummer tiefe Falten gegraben.

Dem Bischof folgten zahlreiche Bürger der Stadt. Sie pfiffen und johlten und machten ihre grausamen Scherze mit dem Gefangenen. Nur ein junger Mann hielt sich abseits. Das war Laurentius, der aus Spanien kam. Er gehörte zu den Gehilfen des Bischofs. Dieser hatte ihm das Geld der christlichen Gemeinde anvertraut. Laurentius musste für die Armen und Kranken sorgen und die Witwen und Waisen unterstützen.

Als der Bischof an ihm vorbeigeführt wurde, weinte Laurentius und fiel auf die Knie. „Mein Vater", rief er, „wohin gehst du ohne deinen Sohn?" Da blieb Sixtus stehen. Er segnete seinen Gehilfen. „Christus ist bei dir", sagte er. Dann fügte der Bischof leise hinzu: „Gib acht auf die Schätze der Kirche!"

Der Hauptmann, der die Soldaten anführte, hatte das Gespräch mitgehört. Er packte Laurentius am Arm. „Wo sind die Schätze eurer Kirche?" schrie er und lief im Gesicht rot an vor Eifer. Doch Laurentius schüttelte nur den Kopf. Seine Augen folgten dem Bischof, der von den Soldaten fortgezerrt wurde. Wütend befahl der Hauptmann, den jungen Christen ebenfalls zu fesseln. „Ich bringe dich zum Kaiser", sagte er drohend.

Valerian saß am Tisch und aß von einem silbernen Teller. Seine Diener gingen geschäftig hin und her. Sie trugen in ihren Schüsseln Speisen auf, die Laurentius noch nie gesehen hatte. Mürrisch blickte der Kaiser hoch. Er hatte es nicht gern, wenn er beim Essen gestört wurde. „Was willst du?" herrschte er den Hauptmann an, der sich voll Ehrfurcht verneigte.

„Dieser Christ hütet die Schätze seiner Kirche", sagte der Hauptmann und wies auf Laurentius. Misstrauisch betrachtete der Kaiser den Gefangenen. Laurentius sah nicht aus wie einer, der viel Geld besitzt. Sein Mantel war mit Flicken übersät, und er trug

keine Schuhe an den Füßen. „Weißt du wirklich, wo die Schätze der Christen sind?" fragte Valerian.

Der Gefangene nickte. Da wurden die Augen des Kaisers ganz schmal. Mit einer heftigen Bewegung schob er den silbernen Teller beiseite. „Verrate mir den Ort", drängte er und beugte sich weit über den Tisch. „Wenn du die Wahrheit sprichst, werde ich dich belohnen."

Laurentius erschrak vor der Gier des Kaisers. „Ich brauche drei Tage, bis ich die Schätze zusammengetragen habe", sagte er zögernd und schaute dabei den Herrscher an. Aber Valerian war mit allem einverstanden. Er wählte sogar die Wachen aus, die Laurentius begleiten sollten. Dann lehnte er sich zufrieden in seinem Sessel zurück.

Der Kaiser wusste nicht, dass es unter den Soldaten Anhänger des neuen Glaubens gab. Sie bekannten sich heimlich zu Jesus Christus. Auch die Männer, die auf den Gefangenen achten mussten, waren Christen. Darum vertrauten sie Laurentius und ließen ihn frei. Doch musste er versprechen, nach drei Tagen wieder zurückzukommen.

Laurentius nützte die Zeit. Er ging in die Elendsviertel von Rom. Dort verteilte er das Geld der christlichen Gemeinde. Für die Kinder der Armen hatte er Spielzeug mitgenommen. Er besuchte die Kranken, und er tröstete die Alten, die nicht mehr aufstehen konnten aus ihren Betten. Den Aussätzigen brachte er frisches Leinen und salbte ihre Wunden.

Am dritten Tag bewegte sich ein seltsamer Zug zum Palast des Kaisers. Blinde tasteten sich mit ihren Stöcken vorwärts. Soldaten, die im Krieg ein Bein verloren hatten, humpelten an Krücken. Die vielen römischen Bettler schlossen sich dem Zug an und alle Menschen, die hungrig oder verzweifelt waren.

So großes Elend hatten die Reichen der Stadt noch nie gesehen. Sie rümpften ihre Nasen über den Geruch der Armen und zeigten mit den Fingern auf die schmutzigen Gesichter und die zerlumpten Kleider.

An der Spitze des Zuges ging Laurentius. Er führte seine Schützlinge bis vor den Palast. „Setzt euch nieder", forderte er sie auf. Dann sagte er zu den Wachen: „Hier bin ich. Ich habe versprochen, dass ich zurückkomme."

Der Kaiser wartete schon ungeduldig. Er stand an der Tür des Thronsaales. Als er den jungen Christen entdeckte, stürzte er auf ihn zu. „Wo hast du die versprochenen

Kostbarkeiten?" rief er. Da ergriff Laurentius den Herrscher bei den Händen und zog ihn an ein Fenster des Palastes. Leise sagte er: „Dort unten sind unsere Schätze."

Valerian schaute neugierig auf den Platz hinunter, der voll von Menschen war. Er blieb einen Augenblick sprachlos. Als er sich umdrehte, konnte Laurentius die Wut in seinem Gesicht sehen. Der Kaiser ballte die Fäuste, die Ader auf seiner Stirn schwoll an. „Hinaus mit dir! Ich will, dass man dich verbrennt", schrie er und packte und schüttelte den Gefangenen.

Noch am gleichen Tag wurde Laurentius auf einen Rost gebunden. Die Diener des Kaisers zündeten ein Feuer an. Sie schoben den Rost in die Flammen.

„Danke, mein Gott, dass du mir das Himmelstor öffnest", sagte Laurentius, bevor er starb. So jedenfalls erzählen es die alten Geschichten.

Der Schwarze Tod

(Rochus / 16. August)

In Frankreich gibt es eine Stadt, Montpellier genannt. Einst lebte dort der Edelmann Johannes. Seine Frau hieß Libera. Obwohl sich das Ehepaar sehnlichst einen Erben wünschte, blieb es viele Jahre kinderlos. Die beiden hatten sich schon abgefunden mit ihrem Schicksal, als Libera endlich schwanger wurde. Unter Schmerzen gebar sie einen Sohn, der von den Eltern den Namen Rochus erhielt. Rochus aber bedeutet nichts anderes als „der Turm". Bei der Geburt entdeckte die Hebamme zu ihrer Verwunderung ein Kreuz auf der linken Brustseite des Kindes, der Herzseite. Es war in die Haut eingedrückt und leuchtete rot wie ein Wundmal.

Die Eltern sahen darin ein Zeichen Gottes. „Irgendwann wird unser Sohn dem Kreuz folgen", sagten sie manchmal in stillen Stunden. Rochus wurde erzogen, wie es seinem Stand entsprach. Er übte sich in den höfischen Sitten und erlernte die Waffenkunst. Seine Mutter aber machte ihn mit Gott vertraut. Sie weckte das Verlangen in ihm, den Pilgern nachzueifern, die zu den heiligen Stätten der Christenheit aufbrachen. Betend und singend zogen diese Pilger am elterlichen Schloss vorbei. Ihre feierlichen Stimmen begleiteten die Kindheit von Rochus.

Als die Eltern kurz nacheinander verstarben, war Rochus plötzlich allein auf der Welt. Der Vater hatte den Sohn noch zu sich an das Sterbebett gerufen und ihm eingeschärft, er solle sein Herz nicht an die Schätze der Welt hängen. „Kümmere dich lieber um die Armen", sagte er, „und sorge für die Kranken, die elend in den Spitälern liegen. Sie sind auf deine Hilfe angewiesen." Unter Tränen hörte Rochus zu. Nach dem Tod der Eltern verschenkte er mit vollen Händen, was er besaß. Für den Rest seines Geldes ließ er sich einen großen Hut anfertigen, der ihn vor der Sonne schützen sollte. Dann nahm er einen Stab und hängte sich einen Sack über die Schulter, damit er wie ein Pilger gerüstet war.

Rochus zog es nach Rom, zu den Gräbern der Apostel Petrus und Paulus. Allein, auf sich gestellt, hätte er sein Ziel wohl kaum erreicht. Überall lauerte finsteres Gesindel.

Wegelagerer pressten den Frommen selbst noch das Wenige ab, das diese bei sich trugen. Deshalb schloss er sich einer größeren Pilgerschar an. Die Pilger gaben aufeinander Acht. Wenn einer erschöpft zurückblieb, ermutigten ihn die anderen und stützten ihn, bis sie gemeinsam die nächste Herberge erreichten.

Abends, am flackernden Herdfeuer, sprachen sie dann über den Kometen, der mit seinem Schweif den nächtlichen Himmel erhellte. Oder sie erzählten von schrecklichen Hagelschlägen und von Erdbeben. Einige Pilger hatten in der Ferne sogar Rauchsäulen gesehen. Es war, als würde das ganze Land brennen. Eine fiebrige Angst bemächtigte sich der Menschen. Ständig fielen ihnen neue Unglückszeichen auf. Noch ehe das Schreckliche eintrat, quälte es ihre Herzen und erfüllte sie mit dunklen Ahnungen.

Nach vielen Wochen ließen die Pilger die Berge hinter sich. Als sie in die Täler hinunterstiegen, entdeckten sie schwarze Fahnen. Beim Anblick dieser Fahnen, die von allen Kirchtürmen wehten, vergaßen die frommen Männer und Frauen, warum sie aus der Heimat aufgebrochen waren. „Rettet euch! Hier herrscht die Pest", schrien sie und stürzten Hals über Kopf davon. Nur Rochus ließ sich nicht anstecken von ihrer panischen Flucht. Er umklammerte seinen Stab und schritt furchtlos weiter, ging mitten hinein in das Entsetzen.

Niemand begegnete ihm. Die Trauben verfaulten an den Weinstöcken, und das Getreide stand ungeerntet auf den Feldern. Es war still ringsum, totenstill. Wo die Pest gewütet hatte, ertönte kein Rufen mehr, kein Lachen. Sogar die Tränen der Überlebenden versiegten beim Anblick des großen Elends...

Manchmal stieß Rochus auf eine Stadt, in der die Krankheit gerade ausgebrochen war. Dann füllten sich die Straßen mit jammernden und fluchenden Menschen. Prozessionen zogen von einer Kirche zur anderen. Die Reichen, die sich die Flucht leisten konnten, droschen wild auf ihre Pferde ein. Möglichst rasch wollten sie den Ort des Grauens hinter sich lassen. Aber der Schwarze Tod war schneller. Wohin sie auch kamen, lauerte er schon auf sie.

Auch aus Rom flohen die Wohlhabenden, ohne sich um die Armen zu kümmern, die hilflos und verzweifelt zurückblieben. In der Stadt herrschte ein unbeschreibliches Durcheinander. Zwischen den prächtigen Villen irrten Schafherden umher, denen die Hirten abhanden gekommen waren. Zur Abwehr der Krankheit brannten überall Holzfeuer. Der Weihrauch, der in die Flammen geworfen wurde, verbreitete einen betäubenden Geruch. An jeder Straßenecke traf Rochus auf Pestärzte. Um sich nicht anzustecken, trugen sie weite, schwarze Mäntel und Masken mit riesigen Schnäbeln. Wie Totenvögel flatterten sie über die Plätze der Stadt.

Rochus zwang sich, dem Elend in das Gesicht zu sehen. Immer wieder brachen Menschen plötzlich auf der Straße zusammen. Dann spuckten sie Blut, oder sie hatten schwarze Pusteln unter den Achseln und bald danach am ganzen Körper. Viele der Kranken waren zu erschöpft, um noch etwas zu sagen; andere litten unter Fieberträumen und stießen wüste Beschuldigungen und Klagen aus. Wer die Pest bekam, musste mit dem Schlimmsten rechnen. Mehrmals am Tag wurden Leichenkarren durch die engen Gassen geschoben. Ihre Räder rumpelten und ächzten auf dem Pflaster. Die Glöckchen, die an den Karren hingen, bimmelten unentwegt. Schaudernd hörten die Bewohner von Rom das mahnende Geläut.

Rochus war in einen Alptraum geraten. Was er sah, erschütterte ihn. Aber er bangte nicht, wie so viele Menschen, um sein Leben, und er rannte auch nicht kopflos weg. Stattdessen setzte er sich zu den Kranken, die von allen gemieden wurden. Oft konnte er nur noch ihre Hand halten, wenn sie starben, und mit ihnen beten. Den Fiebernden brachte er Wasser oder legte ihnen ein feuchtes Tuch auf die Stirne. Immer wieder geschah es, dass die Angehörigen ihre kranken Familienmitglieder hilflos in den Häusern zurückließen. Aus Furcht vor einer Ansteckung versperrten sie sogar die Türen von außen. Dann fiel es selbst Rochus schwer, seinen Zorn zu unterdrücken. Was war das für eine Zeit, in der die Kinder ihre Eltern und die Eltern ihre Kinder dem Verhungern und Verdursten preisgaben?

Drei Jahre blieb Rochus in Rom, denn die schreckliche Krankheit flackerte ständig von neuem auf. Als sie endlich verschwunden schien, ertappte er sich dabei, wie er den Pilgerstab, der in einer Ecke seiner armseligen Kammer hing, prüfend in die Hand nahm. Es zog ihn heimwärts, in die Stadt seiner Kindheit, nach Montpellier. Eines Morgens wusste Rochus, dass es soweit war. Zum letzten Mal wanderte er durch die Gassen von Rom. Wie Schlafwandler bewegten sich die Überlebenden der Pest. Ihre Augen waren noch leer vor Erschöpfung und voller Trauer. Erst weit draußen, jenseits der Stadttore, traf er einen Hirten, der seinem Dudelsack wild hüpfende Töne entlockte. Ein Mädchen klatschte dazu. Zögernd versuchte es ein paar Tanzschritte. Wie gut, dachte Rochus, dass es wenigstens den Trost der Musik gibt.

Er folgte den anderen Reisenden und hielt sich an die großen Handelsstraßen. So gelangte er nach Piacenza, wo ihn die Pest abermals einholte. Noch trat sie leise auf, beinahe verschwiegen. Im Spital lagen schon die ersten Kranken, und täglich kamen neue hinzu. Beim Anblick ihrer fleckigen, blutunterlaufenen Körper erschrak Rochus. Warum hatte Gott ihn hierher gerufen? Er war doch nur ein Mensch! Was wurde denn noch von ihm verlangt? Wie in Rom bot er sich auch in Piacenza als Helfer an. Er lüftete das Bettenlager des Spitals und kehrte den Schmutz hinaus. Wenn die Beulen der Kranken aufplatzten, wischte er den Eiter ab. Rochus, der Turm, wachte bei den Sterbenden. Verlässlich schien er, unbezwingbar. Bis er selbst zu wanken begann, bis er plötzlich stürzte...

Eines Nachts träumte er, dass ein Engel zu ihm trat und sein Bein berührte. Im gleichen Augenblick spürte er einen Stich, ein messerscharfer Schmerz durchfuhr ihn. „Steh auf", sagte der Engel. „Du bist stärker als deine Krankheit." Aber der Schmerz wollte nicht weichen. Im Gegenteil, er wurde immer heftiger, bis Rochus mit einem Schrei hochschreckte aus seinem Traum. Als er das rechte Bein befühlte, wuchs dort eine Beule unter der Haut. Die Pest, die er so oft gesehen und aus nächster Nähe mit erlitten hatte, sprang ihn an wie ein reißendes Tier. Immer neue Wellen des Schmerzes schlugen über Rochus zusammen. Sie nahmen ihm die Luft und würgten ihn. Er wälzte sich auf seinem Strohlager, er stöhnte, er schrie so laut, bis sich die Kranken gegen ihren Helfer zusammenrotteten. „Wegen dir können wir nicht schlafen", schimpften sie und packten Rochus. Wütend warfen sie ihn vor die Tür des Spitals, wo er zwischen den Abfallhaufen liegen blieb. Sogar die streunenden Hunde mieden ihn.

Erst am Morgen wurde er von Kirchgängern entdeckt. Sie holten den Vorsteher des Spitals. „Siehst du nicht, dass dieser Mensch deine Hilfe braucht?" fragten sie empört. Doch der Vorsteher, dem das Mitleid längst abhanden gekommen war, sagte nur: „Lasst ihn, wo er ist. Er hat die Pest, er stirbt bald." Da verfärbten sich die Gesichter der Kirchgänger, ganz blass wurden sie. Hinter den Häusern schaute gerade die Sonne hervor. Der Tag versprach schön zu werden. Wenn nur nicht dieser Pestkranke gewesen wäre – ein Unberührbarer, der schon zur Schattenwelt gehörte und tot war, obwohl er sich noch vor Schmerzen krümmte.

Schweigend wichen die Umstehenden zurück. Sie sahen sich nicht an dabei. Das Entsetzen trieb sie fort, nur fort. Es dauerte lange, bis in Rochus Bewegung kam. Wie eine Schildkröte kroch er die Straße entlang, robbte zur Stadt hinaus. Er schleppte sich bis an den Saum eines Waldes. Dort, im Dickicht, wollte er in Ruhe sterben.

Es kam die Nacht, es kam der nächste Tag. Rochus spürte, wie seine Zunge anschwoll. Sie lag ganz starr in seinem Mund. Verzweifelt bat er Gott um einen Tropfen Wasser, einen einzigen Tropfen. Er konnte an nichts anderes mehr denken. War er noch wach, oder träumte er bereits? Denn auf einmal umhüllte Rochus ein feiner, lichter Nebel und trennte ihn von der Welt. Wie ein feuchtes Tuch legte er sich auf seinen ausgetrockneten Körper. Dann, nach einer Weile, schien der Nebel in die Erde zu schlüpfen. Kaum war er verschwunden, da vernahm Rochus ein silberhelles Klingeln. Als der Kranke mühsam die Augen öffnete, bemerkte er eine Quelle. Wenige Schritte entfernt hüpfte sie über Steine, sprudelte zwischen den dunklen Flechten, die von den Bäumen hingen. Das Wasser der Quelle erfrischte Rochus und schenkte ihm neue, langsam erwachende Kraft.

In der Nähe des Waldes lag ein Gut. Es wurde von wehrhaften Mauern beschützt. Dort lebte ein Edelmann mit seinem Gesinde. Wie viele Adelige, die sich langweilten, liebte er die Jagd mehr als alles andere. Oft streifte er tagelang durch die Fluren. Dabei begleitete ihn sein Lieblingshund und stöberte das Wild auf. Auch sonst wich der Hund nicht von seiner Seite. Selbst bei Tisch hockte er neben ihm, und nachts rollte er sich am Fußende seines Bettes ein. Umso mehr wunderte es den Edelmann, als das Tier auf einmal sein Verhalten änderte und es kaum noch erwarten konnte, bis die Tafel gedeckt wurde. Mit einem Satz schnappte es sich dann den Brotlaib, der zu jeder Mahlzeit gehörte, und hetzte davon. Eine Zeitlang beobachtete der Junker den Hund. Schließlich folgte er ihm heimlich und wurde Zeuge, wie das Tier zu einem Dickicht am Rande des Waldes lief. Dort legte es den Laib vor einem fremden Mann nieder.

Der Junker trat ein paar Schritte näher. Neugierig betrachtete er Rochus, der erschöpft in seinem Versteck lag. Dem Kranken bereitete es große Mühe, sich aufzurichten. Während er nach dem Brot griff, rutschte der schmutzige Umhang von seiner Schulter und gab den Blick frei auf das Mal an seiner Herzseite. Wie eine offene Wunde leuchtete dieses Mal. In der Form aber glich es unverkennbar einem Kreuz. Darüber erschrak der Edelmann. Er schämte sich, weil er Zeuge eines Geheimnisses geworden war, das ihn nichts anging. Oder doch? Als er sich räusperte, zuckte Rochus zusammen. Abwehrend hob er die Hände und rief: „Freund, geh weg! Ich habe die Pest. Niemand kann mich retten, nur Gott allein."

„Vielleicht wurde ich von Gott gesandt, um dich zu retten," gab der Junker zurück. Er wusste selbst nicht, wer in diesem Augenblick aus ihm gesprochen hatte. Gesagt war gesagt! Unbeholfen setzte er sich neben Rochus. Sie teilten schweigend das Brot miteinander. Danach erzählte der Kranke seine Geschichte, und der Junker hörte wie gebannt zu. Er merkte sich jedes Wort, jeden Satz. Beim Abschied legte er den Hund an die Leine, damit er nicht wieder entlief. „Ich komme zurück", versprach der Edelmann. „Dann bringe ich dir neue Kleider. Außerdem brauchst du ein paar Decken."

Nachdenklich wandte er sich heimwärts. Etwas war geschehen mit ihm, aber was? Selbst die Pest konnte ihn nicht mehr ängstigen. In der Nachmittagssonne, die schon tief am Himmel stand, blitzten und funkelten die weißen Mauern seines Gutes. Als er das mächtige Eingangstor erreichte, fand er es verschlossen. Vergeblich rüttelte er daran. „Wir sind dir nachgegangen. Wir haben dich bei dem Kranken gesehen", schrien die Knechte hinter der Mauer. Ihre Stimmen klangen verschreckt und wütend. „Halte dich fern von uns, sonst bekommen wir die Pest." Dem Edelmann halfen weder Bitten noch Drohungen. Die beiden Torflügel blieben verriegelt.

Eine Weile lehnte er sich müde und traurig gegen das rissige Holz des Tores, das die Wärme des Tages gespeichert hatte. Trotzdem fror er. Seine Hände zitterten, sein ganzer Körper. Die Schatten wurden immer länger, und er hatte noch keine Unterkunft. Schließlich gab er sich einen Ruck, ging einfach fort, ohne sich noch einmal umzudrehen. In Piacenza, dachte der Edelmann, achten mich die Leute. Dort werden sie mir ein Dach über dem Kopf gewähren. Aber darin täuschte er sich. Wie ein Lauffeuer hatte sich herumgesprochen, warum er von seinen Dienstleuten verjagt worden war. Die Wachen an der Zugbrücke richteten ihre Lanzen auf ihn. „Was führt dich zu uns?" fragten sie drohend. „Wer die Pest hat, muss draußen bleiben."

„Seht mich an. Bin ich vielleicht krank?" wollte der Junker widersprechen. Als er die finsteren, unzugänglichen Gesichter der Soldaten sah, schwieg er jedoch. Der Schwarze Tod kannte kein Erbarmen. Alles veränderte er, alles stürzte er um. Gestern noch war der Edelmann reich und ohne Sorgen gewesen. Jetzt saß er wie der geringste unter den Bettlern am Rande der staubigen Straße, die aus Piacenza hinausführte. Demütig wies er seine leeren Hände vor. Manchmal erhielt er dann einen Apfel oder ein paar Trauben. Was er bekam, brachte er seinem Schützling im Wald.

Allmählich gelangte Rochus wieder zu Kräften. Immer häufiger musste er an Montpellier denken. Mit Macht zog es ihn nach Hause, er wollte noch einmal die Gassen und Plätze seiner Kindheit sehen. Als er keine Schmerzen mehr fühlte, nahm er den Pilgerstab, setzte den großen, schattenspendenden Hut auf und warf den Sack über die Schulter. Danach trennte er sich von dem Edelmann, der ihn so treu gepflegt hatte. Der Abschied fiel ihm schwer und leicht zugleich: schwer, weil er einen Gefährten verlor, und leicht, weil dieser Gefährte versprach, sich an seiner Stelle um die Pestkranken zu kümmern.

Mit der Zeit folgten immer mehr Menschen dem Beispiel von Rochus. Unerschrocken gingen sie in die Spitäler. Sie wuschen und fütterten die Kranken, wachten an den Betten der Sterbenden und sorgten dafür, dass die Toten begraben wurden.

Überall im Abendland schlossen sich diese Helfer zu Bruderschaften zusammen, die den Namen des heiligen Rochus trugen.

Der Glücksspieler
(Bernhard / 20. August)

Bernhard war noch jung, als er seine Mutter verlor. Er liebte die Stille. Immer wieder zog er sich in die Einsamkeit zurück und dachte über Gott und die Welt nach. Wenn er redete, hörten alle staunend zu. Er verstand es, die Menschen in den Bann zu ziehen. Seine Worte schmecken so süß wie Honig, sagten sie dann bewundernd. Als er sich entschloss, Mönch zu werden, trat er nicht allein vor den Abt. Vier Brüder und zahlreiche Verwandte hatte er mitgebracht. Gleich dreißig junge Männer baten um Aufnahme in das Kloster Cîteaux.

Cîteaux war ein armes, streng geführtes Kloster, in dem nur wenige Mönche lebten. Deshalb freute sich der Abt über den plötzlichen Zustrom. Jetzt konnte er sogar die Gründung neuer Klöster betreiben. Bernhard schickte er mit elf Gefährten in das Tal der bitteren Kräuter. Dort empfing sie eine grüne, feuchte Finsternis. Das sumpfige Land bot den Vögeln reiche Nahrung, aber nicht den Menschen. Mühsam schleppten die Männer halb versunkene, im Moor erstickte Bäume ins Freie. Mit ihren Hacken und Schaufeln zogen sie Gräben, um das brackige Wasser abzuleiten.

Für Bernhard und seine Gefährten brach eine Zeit schlimmster Armut an. Sie ernährten sich von den Beeren des Waldes und kochten gesalzene Buchenblätter, damit ihr Hunger wenigstens vorübergehend betäubt wurde. Manchmal wussten sie nicht, ob sie die nächsten Tage überstehen würden. In dieser Zeit schickte ihnen der Abt eines befreundeten Klosters Silbergeld für die nötigsten Anschaffungen. Doch der Bote wurde unterwegs überfallen. Die Räuber nahmen ihm alles ab, was er mit sich führte. Sie trennten auch seinen Mantel auf und fanden so das Silbergeld, das er in den Stoff genäht hatte. Als Bernhard davon erfuhr, rief er freudig: „Gelobt sei der allmächtige Gott! Denn er hat uns von der Sorge befreit, wie wir das Geschenk des Abtes verwenden sollen!"

Mit der Zeit trug die zähe Arbeit der Mönche Früchte. Aus dem Tal der bitteren Kräuter wurde ein helles, lichtes Tal – Clairvaux. Jetzt, nachdem das Schwerste getan

war, konnte Bernhard in die Welt hinausziehen und Gott den Menschen verkünden. Wo immer er predigte, strömten sie zusammen. Sie hörten begeistert zu. Oft genug ließen sie danach alles stehen und folgten Bernhard, der ein Menschenfischer war.

Einmal ritt er auf seinem Lieblingspferd aus. Da traf er ein paar Männer, die am Wegrand saßen und würfelten. „Seht den Mönch", rief einer der Männer. „Wie gern würde ich mit ihm um sein Pferd würfeln!" Er hatte diesen Wunsch nicht ernst gemeint und lachte dabei. Zur Überraschung des Spielers stieg der Mönch trotzdem ab. „Einverstanden! Ich setze mein Tier, aber was setzt du? Geld oder etwas Besseres?" fragte Bernhard. Nein, Geld besaß der Mann nicht. Trotzdem schaute er sehnsüchtig auf das prächtige Pferd.

„Wenn es so ist", sagte Bernhard, „dann setze dich als Gewinn ein. Solltest du verlieren, bist du fortan mein Bruder, und ich nehme dich mit ins Kloster. Siegst du aber, gebe ich dir das Pferd." „Was kann dabei schief gehen?" dachte der Mann überrascht. „Dieser Mönch versteht bestimmt nichts vom Glücksspiel!" Also willigte er ein und warf drei Würfel auf einmal. Langsam, ganz langsam rollten sie aus. Jeder Würfel zeigte sechs Augen.

Am liebsten wäre der Spieler hochgesprungen vor Freude. Das Pferd gehörte ihm schon so gut wie sicher. Nur aus Höflichkeit geduldete er sich noch und sah zu, wie Bernhards Würfel über den Boden kullerten. Plötzlich teilten sie sich, aus drei Würfeln entstanden sechs. Fassungslos zählte der Spieler dreiunddreißig Augen. Was war geschehen? Er wusste es nicht, er ahnte es nur. Immer noch staunend folgte er Bernhard in das Kloster. Dort wurde er ein guter Mönch, der die Finger vom Glücksspiel ließ.

Für seine Predigten musste der Heilige oft weite Strecken zurücklegen. Er saß dann versunken, fast leblos im Sattel, nur seine Lippen bewegten sich. Wenn er mit Gott sprach, schien er ganz woanders zu sein, in einer Welt, die seinen Begleitern verschlossen blieb. Einmal ritt er viele Stunden am Ufer des Genfer Sees entlang. Als die Brüder abends, bei der Rast, die Schönheit des Gewässers priesen, fragte er überrascht: „Wann sind wir denn vorbeigekommen an dem See?"

Obwohl Bernhard so andächtig wie kein anderer betete, klagte er immer wieder, dass er im Gebet seine Gedanken nicht beieinander halten könne. Das sagte er auch einem Bauer, den er unterwegs getroffen hatte. „Viel zu oft lasse ich mich von äußeren Dingen ablenken", erklärte Bernhard. Darüber wunderte sich der Bauer. War er dem frommen Mönch vielleicht sogar überlegen? „Wenn ich bete, gibt es nichts anderes für mich als Gott", rief er deshalb und warf einen missbilligenden Blick auf Bernhard.

Der Heilige führte sein Pferd am Zügel, um es zu schonen. Trotzdem hatte er den Blick gesehen. „Ich will dir einen Vorschlag machen", antwortete er. „Geh ein paar Schritte beiseite, damit ich dich nicht störe, und bete mit aller Kraft deines Herzens ein Vaterunser. Wenn du keinen anderen Gedanken zulässt, während du betest, schenke ich dir mein Pferd."

Was für ein Narr! dachte der Bauer fröhlich. Das Pferd ist bereits mein Eigentum! Sogleich entfernte er sich von Bernhard und begann zu beten. Doch er hatte die Mitte des Vaterunsers noch nicht ereicht, als ihm der Sattel des Heiligen in den Sinn kam. „Gehört dieser Sattel zum Pferd oder gehört er nicht dazu?" fragte sich der Bauer. Da wusste er, dass er die Wette verloren hatte. Zerknirscht gestand er dem Heiligen sein Versagen und ging seines Weges.

Bernhard war ein strenger Mann. Die Zellen der Brüder blieben selbst im Winter unbeheizt. An den Festtagen, wenn überall große Feiern stattfanden, wurde in Clairvaux gefastet. Aber was er den anderen Mönchen abverlangte, das forderte Bernhard auch von sich. Seine Predigten machten ihn berühmt. Manchmal bangten die Brüder, die ihren Abt begleiteten, um dessen Leben, so sehr umdrängten ihn die Menschen. Einmal musste ihn sogar der Kaiser vor der begeisterten Menge retten. Als sie den Heiligen zu erdrücken drohte, stemmte er Bernhard mit seinen starken Armen über die Köpfe der Menschen und trug ihn aus dem Tumult.

Nicht alles, was der Mann aus Clairvaux begann, führte zu einem guten Ende. Wenige Jahre vor seinem Tod warb er überall im Abendland für einen Kreuzzug. Ein großes Heer sollte nach Jerusalem ziehen, um die heilige Stadt vor den Sarazenen zu beschützen. Doch die Ritter, die vom französischen König und vom deutschen Kaiser geführt wurden, besiegten sich selbst durch Missgunst und Streit, Bestechlichkeit und Verrat. Nur wenige kehrten in die Heimat zurück. Sie machten den Heiligen für die Niederlage verantwortlich, obwohl er wegen seines Alters und seiner Gebrechlichkeit gar nicht an dem Kreuzzug teilgenommen hatte.

Immer wieder war Bernhard nach seinen Lehrmeistern gefragt worden. Er pflegte dann zu antworten, am meisten habe er von den Eichen und den Buchen gelernt. Denn fest verwurzelt seien sie in der Erde, kein Sturm könne sie beugen.

Bestimmt erinnerte sich Bernhard an diese Lehrmeister, als er nach dem gescheiterten Kreuzzug von allen Seiten angegriffen und verhöhnt wurde. Jetzt musste er einem Sturm trotzen, der die Unwetter, die er bis dahin in Gottes Schöpfung erlebt hatte, an Heftigkeit weit übertraf.

Der Einsiedler und die Hirschkuh

(Ägidius / 1. September)

Ägidius, so heißt es in den alten Legenden, stammte aus Athen. Aber die laute Stadt mit ihren Märkten und dem Hafen bot ihm kein Zuhause. Er träumte von einer Stille, die er nirgends in den lärmenden Gassen finden konnte. Nach dem Tod der Eltern verkaufte er alles, was ihm gehörte, und verteilte den Erlös an Bedürftige. Danach schnürte Ägidius sein Bündel für eine große Reise, zu der er nur das Notwendigste mitnahm. Denn er wollte sich nicht mit unnötigen Sorgen beschweren. In der Morgendämmerung verließ Ägidius die Stadt und wanderte am Meer entlang. Irgendwann, dachte er, werde ich eine menschenferne Wildnis erreichen, in der ich Gott besser hören kann als in der Stadt.

Nach vielen Tagen – er war schon längst in der Fremde – sprang ein fauchender, pfeifender Wind auf. Dieser Wind schüttelte Ägidius so heftig durch, dass er um sein Leben fürchtete. Die Wellen auf dem Meer hatten sich in Ungeheuer verwandelt, die einander wütend verschlangen. Zwischen ihnen trieb ein Schiff, hilflos wie eine Nussschale. Es sprang mit dem Wind, tauchte unter und stieg wieder empor. Jeden Moment konnte es von der Wucht des Wassers zermalmt werden. Da vergaß Ägidius das tosende Unwetter. Er schritt durch die Wellen, dem Schiff entgegen, und bat Gott um Hilfe. Im gleichen Augenblick kam das Wasser zur Ruhe. Sanft wiegte es sich, und am blau gefegten Himmel leuchtete das Sonnengestirn.

Die Seeleute hatten ihr Schiff schon aufgegeben. Ungläubig beobachteten sie, wie der schmächtige Mann das Meer mit erhobenen, flehenden Händen besänftigte. Sie steuerten an Land und riefen, immer noch erschrocken: „Wer gibt dir diese Macht? Bist du ein Zauberer?" – „Wenn ich Macht habe", erwiderte Ägidius, „dann ist sie von Gott verliehen, der sie mir auch wieder nehmen kann."

Die Bescheidenheit des frommen Mannes gefiel den Seeleuten. Sie wollten sich dankbar erweisen. Deshalb luden sie den Pilger ein, mit ihnen zu fahren. „Wohin sollen wir dich bringen?" fragten sie, und Ägidius antwortete: „Setzt mich an einem einsamen Gestade aus. Ich suche die Stille." Da wunderten sich die Seeleute noch mehr.

Das Schiff umsegelte zuerst Italien, dann Spanien. Manchmal, wenn der Wind einschlief, mussten die Seeleute zum Ruder greifen. Auch Ägidius ruderte dann mit, obwohl sie es nicht zulassen wollten. Nach vielen Tagen, die er schon nicht mehr zählte, kamen sie endlich zur Mündung eines großen Flusses. Heute wird dieser Fluss Rhône genannt. Ägidius gefiel das Land, das er sah, weil es unberührt wirkte – gerade so, als hätte es auf ihn gewartet. Er verabschiedete sich von der Besatzung und ließ sich an das Ufer bringen. Danach wanderte er flussaufwärts.

Doch seine Erwartungen hatten getrogen. Wohin er auch kam, er traf immer wieder auf fromme Einsiedler. Wie Ägidius wollten sie ungestört Zwiesprache halten mit Gott. Sogar einen Bischof gab es in Arles, der ihn bestürmte, doch zu bleiben und ein Kloster zu gründen. Trotz aller Bitten ließ sich Ägidius nicht von seinem Vorhaben abbringen. Eine Zeitlang wohnte er bei einem heiligen Mann, Veredemius genannt, und bewirtschaftete mit ihm den kargen Boden, der alsbald blühte und reiche Frucht trug. Bevor sich herumgesprochen hatte, wie segensreich Ägidius wirkte, brach er wieder auf. Dieses Mal wanderte er noch tiefer in den Wald hinein, so tief, dass ihm niemand mehr begegnete. Zwischen wilden Sträuchern fand er schließlich eine Quelle, aus der frisches, klares Wasser sprudelte. Daneben lag eine trockene Höhle.

Das war endlich ein Versteck, fern der Welt, wie es sich Ägidius erträumt hatte. Der Einsiedler ernährte sich von den Beeren, Pilzen und Kräutern des Waldes. Nur die wilden Tiere kreuzten seine Wege. Manchmal blieben sie auch stehen oder kamen vorsichtig näher, immer bereit, im nächsten Augenblick zu fliehen. Erst als sie merkten, dass der Fremde keine bösen Absichten hegte, verloren sie allmählich ihre Scheu. Eine Hirschkuh ließ sich von Ägidius sogar melken. Jeden Morgen und jeden Abend trank sie aus der Quelle. Dann hielt sie ganz still für ihn.

Ägidius liebte die Geschöpfe des Waldes. Das Zutrauen der Hirschkuh erschien ihm wie ein Geschenk Gottes. Er dachte nicht daran, dass dieser Frieden plötzlich gestört werden könnte.

Eines Tages hörte er das heisere Kläffen einer Hundemeute. Flavius, der König der Westgoten, hatte seine Jäger in den Wald geschickt. Sie waren lange erfolglos geblieben an diesem Tag, bis sie die Hirschkuh des Einsiedlers aufspürten. Der Anblick des schö-

nen Tieres, das in hohen Sprüngen davonschnellte, weckte ihren Jagdeifer. Die Männer ließen die Hunde von der Koppel und folgten der bellenden Meute.

Kreuz und quer wurde die Hirschkuh durch den Wald gehetzt. Als sie in ihrer Angst nicht mehr wusste, wohin sie sich wenden sollte, flüchtete sie zu dem Einsiedler. Ägidius hörte schon von weitem ihre Klageschreie. Gleich darauf stürzte sie in seine Höhle, mit nassgeschwitzten Flanken, zitternd und stoßweise atmend. Während er das Tier zu beruhigen suchte, flehte er Gott an: „Rette meine Ernährerin. Bewahre sie vor den Menschen, die ihr nach dem Leben trachten."

Die Hunde waren nur noch einen Steinwurf von der Höhle entfernt. Plötzlich blieben sie stehen und weigerten sich, der Hirschkuh weiter durch das Dickicht nachzusetzen. Die Dornenranken und die Zweige der Büsche und Bäume hatten sich, so schien es, zu einer undurchdringlichen Wand geschlossen. Als die Männer das sahen, brachen sie die Jagd ab. Missmutig suchten sie in der einbrechenden Dunkelheit das Lager des Königs auf. Am nächsten Tag wiederholte sich das Geschehen. Wieder wurde die Hirschkuh von den Hunden aufgestöbert, und wieder stand die Meute hilflos vor der Höhle, die wie in einem schützenden Kreis geborgen lag.

„Das geht nicht mit rechten Dingen zu", sagten die Jäger. Dabei schauten sie sich um, als würden sie den Ort fürchten. Nach ihrer Rückkehr erzählten sie dem König, was ihnen zugestoßen war. Sobald der Morgen anbrach, saß Flavius mit seinem Gefolge auf und ritt in den Wald. Staunend beobachtete er, wie die Hunde der verängstigten Hirschkuh folgten, bis sie plötzlich innehielten und sich scheu aneinander drückten. Da gab Flavius den Befehl, das Dickicht zu umstellen. Unter seinem Gefolge war ein hitziger Bursche, der keine Geduld im Leibe hatte. Viel zu lange dauerte ihm die Jagd bereits! Deshalb spannte er den Bogen und schoss einen Pfeil über das Dickicht. Zu ihrer Überraschung hörten die Jäger ein Stöhnen als Antwort.

Jetzt bahnte sich das Gefolge des Königs mit Gewalt einen Weg durch die Dornenhecke. Als die Männer den Einsiedler sahen, der auf dem Boden vor der Höhle kauerte, blieben sie verwirrt stehen. Neben Ägidius lag die Hirschkuh. Mit großen, schimmernden Augen blickte sie den Eindringlingen ohne eine Regung der Furcht entgegen. Obwohl Ägidius eine tiefe Pfeilwunde erlitten hatte und sich kaum aufrichten konnte, schien sie noch immer auf seinen Schutz zu vertrauen.

Der König befahl dem Gefolge zurückzubleiben. Er wollte allein vor den Einsiedler treten. „Ich bitte dich, verzeih dem unbedachten Schützen", bat er und fragte teilnahmsvoll: „Soll ich dir einen Arzt senden, der deine Wunde verbindet?" Ägidius hob abwehrend die Hände. „Wenn Gott es möchte, dann wird er mich heilen", erwiderte er. „So nimm wenigstens ein Geschenk von mir an", drängte der König und legte die goldene Kette, die er als Zeichen seiner Würde trug, vor dem Einsiedler nieder. Doch dieser warf nicht einmal einen Blick auf das funkelnde, blitzende Geschmeide. „Ich bin arm, und ich will arm bleiben", sagte er nur, während er den kostbaren Schmuck zurückgab.

Auf dem Heimweg und in den Wochen danach musste Flavius immer wieder an den Einsiedler denken. Schließlich beschloss er, für Ägidius in der Nähe der Höhle ein Kloster zu bauen. Viele Brüder traten in dieses Kloster ein. Sie spürten die Ruhe, die von Ägidius ausging, und vergaßen ihre Sorgen und Ängste.

Sogar bis nach Rom drang der Ruf des frommen Mannes. Der Heilige war schon alt, als er sich entschloss, in die Stadt der beiden Apostel Petrus und Paulus zu pilgern. Dort empfing ihn der Papst und ließ ihm für seine Kirche zwei Flügeltüren aus dem Holz von Zypressen überreichen.

Ägidius bewunderte die geschnitzten Türen. Nie zuvor hatte er so etwas Wertvolles und Schönes gesehen! Trotzdem drückte ihn die Last. Darum vertraute er sie dem Tiber an. Begleitet von seinem Segen, trieben die Türen auf dem Wasser davon.

Der beschwerliche Rückweg über die Gebirgspässe hatte Ägidius viel Kraft gekostet. Wie freute er sich, als er in seinem Kloster dem Geschenk des Papstes wiederbegegnete! An einem klaren Herbsttag waren die Türen vom Meer angeschwemmt worden, und die Brüder hatten sie in das Portal der Kirche eingesetzt.

So wurde die Einfalt des Heiligen durch Gott belohnt. Denn der Herr des Himmels und der Erde begleitet die Menschen auf allen Wegen. Durch seine Zeichen gibt er sich zu erkennen.

Der folgsame Löwe
(Hieronymus / 30. September)

Der heilige Hieronymus verbrachte einige Jahre in der Wüste. Dort lebte er ganz allein. Nur wenige Menschen verkraften diese Einsamkeit. Er schlief auf der Erde und ernährte sich von dem, was ihm Gott schenkte. Seine Haut scheuerte sich wund an der rauen Kutte, die er trug, und seine Hände und sein Gesicht wurden schwarz von der heißen, unbarmherzigen Sonne.

Nachdem Hieronymus aus der Wüste zurückgekehrt war, ließ er sich in Betlehem nieder. Dort sammelte er Schüler um sich und gründete ein Kloster an der Stelle, wo einst Jesus Christus das Licht der Welt erblickt hatte.

Eines Abends saß Hieronymus im Kreis der Brüder. Er las gerade aus der Heiligen Schrift vor, da näherte sich ein Löwe. Die Mönche flohen entsetzt, als sie das wilde Tier erblickten. Hieronymus aber behandelte es wie einen Gast und ging ihm entgegen. Zu seiner Verwunderung sah er, dass der Löwe hinkte. Leise wimmernd legte sich der König der Tiere vor dem Heiligen nieder und zeigte seine verletzte Pranke.

Hieronymus rief sogleich die Brüder herbei. Er gebot ihnen, die Wunde zu waschen und zu untersuchen. Tatsächlich fanden sie einen Dorn, der tief im Fleisch steckte. Behutsam zogen sie ihn heraus. Der Löwe ließ alles klaglos mit sich geschehen. Anschließend blieb er bei den Mönchen, die ihn pflegten, und folgte ihnen, zahm wie ein Haustier.

Nach einiger Zeit war die Wunde verheilt. Hieronymus überlegte nun, wie sich der Löwe nützlich machen könnte. Schließlich bat er den Herrn der Wüste, auf den Klosteresel achtzugeben. Dieser musste jeden Tag das Brennholz heimtragen, das die Mönche gesammelt hatten. Außerdem holte er Wasser. Der Löwe begleitete ihn und stand aufmerksam daneben, während der Brunnenwächter die kostbare Flüssigkeit in die Schläuche abfüllte.

Beharrlich blieb er an der Seite des Esels. Eines Tages aber schlief er ein, während sein Schützling weidete. Auf der Suche nach Nahrung entfernte sich der Esel immer weiter

und zupfte das kümmerliche Gras zwischen den Steinen hervor. Da kamen Kaufleute des Weges, die ihre Kamele mit Waren bepackt hatten. Als sie den Esel entdeckten, legten sie ihm einen Strick um den Hals; dann zogen sie ihn fort. Sobald der Löwe erwachte, hielt er Ausschau nach seinem Gefährten. Brüllend lief er über die Fluren. Doch nirgends fand er das Grautier.

Schließlich wandte er sich heimwärts. Er hatte den Kopf gesenkt und wagte es kaum, das Kloster zu betreten. Die Mönche wunderten sich, dass der Löwe so spät und ohne den Lastesel zurückkam. War dieser vielleicht ein Opfer seines Beschützers geworden? Zornig nahmen sie dem Löwen das Essen weg. „Friss doch, was von dem Esel übrig ist", sagten sie zu ihm.

Einige der Mönche gingen noch am gleichen Abend die Weide ab. Ergebnislos kehrten sie zurück. Hieronymus gab daraufhin die Anweisung, der Löwe solle künftig die Arbeit des Esels verrichten. Von nun an banden sie dem König der Tiere das dürre Holz, das sie zusammengesucht hatten, auf den Rücken. Ohne Murren trug er die ungewohnte Last.

Jedes Mal, wenn der Löwe seine Arbeit getan hatte, lief er hinaus vor das Kloster. Er gab die Hoffnung nicht auf, eines Tages seinen Schützling wiederzufinden. Als er wieder einmal umherstreifte, begegnete ihm eine Karawane. An der Spitze des Zuges trottete ein Esel, der am Strick geführt wurde.

Der Löwe erkannte seinen Gefährten sofort. Wild fauchend stürzte er sich auf die Karawane, so dass die Kaufleute in alle Richtungen davonstoben. Dann trieb er den Esel mitsamt den Kamelen vor sich her, bis sie beim Kloster anlangten. Dort war er fröhlich wie lange nicht mehr. Er sprang an den Brüdern hoch; sein Schweif zuckte und schlug übermütig durch die Luft.

Die Mönche eilten zu Hieronymus. Sie wollten ihm von dem Vorfall erzählen. Doch er unterbrach ihren Bericht. „Bereitet ein Mahl für unsere Gäste", sagte er überraschend. „Behandelt sie höflich und wascht ihnen die Füße." Während sich die Mönche noch über den Auftrag des Heiligen wunderten, kam ein Bote und meldete, dass fremde Kaufleute Einlass begehrten.

Hieronymus empfing die Männer am Tor des Klosters. Als sie ihn sahen, warfen sie sich zu Boden und gestanden den Diebstahl des Esels. Zu ihrer Überraschung hob sie der Heilige freundlich auf. „Nehmt zurück, was euch gehört", sagte er und wies auf die Kamele, die zitternd und schnaubend in einer Ecke des Hofes standen.

Darauf ermahnte er die Kaufleute, sie sollten sich nicht mehr an fremdem Gut vergreifen. Nachdem sie das versprochen hatten, wurden sie wie Gäste behandelt und mit Speise und Trank versorgt. Bevor sie am nächsten Tag weiterzogen, erbaten sie von Hieronymus den Reisesegen. Dem Kloster aber schenkten sie die Hälfte des kostbaren Öles, das ihre Kamele mit sich führten.

Komm zu mir, Bruder Wolf

(Franziskus / 4. Oktober)

Der kleine, arme Franziskus vergrub seine Hände in der Kutte. Wieder einmal ging ein Tag zu Ende, und von den Hügeln blies ein kalter Wind. Die dürren Blätter in den Bäumen raschelten. Franziskus blickte zum Himmel, der dunkelgrau über der Erde hing. Jeden Augenblick konnten sich die schweren Wolken entladen.

Schon mehrfach an diesem Tag war Franziskus in einen Platzregen geraten. Zitternd schlug er das feuchte Gewand um den Körper. Seine Kutte sah aus wie ein brauner, grober Sack. Wo der Stoff gelitten hatte, waren Lappen in den unterschiedlichsten Farben aufgenäht worden.

Franziskus wunderte sich, dass ihm niemand begegnete auf seinem Weg. Nur einmal traf er ein paar Bauern. Sie hatten sich mit Sensen und Dreschflegeln, mit Knüppeln und Spießen bewaffnet und musterten das Dickicht am Wegrand, als würde darin ein Ungeheuer lauern. „Hüte dich, Bruder Franziskus", flüsterten sie ängstlich. „Wenn du nicht Acht gibst, wird dich der schreckliche Wolf töten."

Überall kannten sie den Mann aus Assisi. Zu seinen Predigten strömten die Leute von weit her. „Sogar die Vögel in den Bäumen haben Franziskus andächtig zugehört", erzählten sie sich danach voll Staunen. Manchmal kam es auch vor, dass sich in dieses Staunen ein ganz anderer Ton mischte. Dann spotteten sie – leise nur und hinter vorgehaltener Hand – über die abstehenden Ohren und die mageren Beine des Kuttenträgers.

Aber die Bauern im Wald von Gubbio hatten keine Zeit, Franziskus näher zu betrachten. Sie klopften gegen die Stämme und schlugen auf die Büsche, um den Wolf zu vertreiben. Jetzt konnte sich Franziskus auch die frisch ausgehobenen Gruben erklären, die ihm ständig den Weg versperrt hatten. Notdürftig mit Zweigen getarnt, waren sie als Fallen für das wilde Tier gedacht.

Es dauerte eine Zeitlang, bis er die Türme und die Mauern von Gubbio erblickte. Wie eine ängstliche Schafherde erschien ihm der untere Teil der Stadt, so eng scharten sich die schmalen Häuser zusammen. Bergan zogen sich die Befestigungen. Sie schützten einen weiten Platz, den prächtige Paläste umstanden. Eine Seite des Platzes öffnete sich wie eine Terrasse in das Tal.

Als Franziskus unter das Stadttor trat, hörte er zum ersten Mal den Wolf. Am Anfang glich seine Stimme einem Winseln, das aber bald in ein kehliges Knurren überging und schließlich zu einem schaurigen, heulenden Gesang anschwoll. Mit diesem Gesang begrüßte der Herr der Wälder die ersten Sterne, die über den Hügelkämmen sichtbar wurden.

„Wie bist du der Bestie entkommen?" fragten die Wächter ungläubig. Sie schüttelten den Kopf. Nur ein Narr wagte sich in solchen Zeiten ohne Begleitung nach Gubbio! Franziskus fiel es nicht schwer, den Gedanken der Wächter zu erraten. Die Rolle des Narren – er war seit langem an sie gewöhnt, und sie gefiel ihm. „Was hätte der Wolf auch von mir gehabt? Nichts, gar nichts", lachte er, und seine knochigen Füße unter der Kutte traten einen Schritt zurück und zwei vor, als wollten sie tanzen.

Die bewaffneten Männer verspürten keine Lust, auf den Scherz einzugehen. Das langgezogene, immer wieder abbrechende und neu einsetzende Geheul des Wolfes beschäftigte sie viel mehr als der im ganzen Land bekannte Wanderprediger. Schweigend ließen sie den Mann passieren und verriegelten hastig das Tor hinter ihm. So große Furcht hatte Franziskus noch nie erlebt. Sogar die Fenster der Häuser waren mit Brettern vernagelt, und in den Gassen zeigten sich nur ein paar Ratten, die schrill pfeifend davonstoben.

Franziskus wurde nicht erwartet. Trotzdem machte er sich keine Sorgen. Irgendwo in der wachsenden Dunkelheit würde er bestimmt einen Unterschlupf finden. Leise singend und summend schritt er durch Gubbio, den Hang hinauf. Dabei begleitete ihn ein zuckender Schein. Auf der Stadtmauer brannten Fackeln. Sie knisterten, flammten immer wieder auf. Die Soldaten versuchten so, den Wolf zu verscheuchen und sich selber zu beruhigen.

Nach einer Weile entdeckte Franziskus einen Gewürzhändler, der die Auslagen vor seinem Ladengewölbe räumte. Ohne Umschweife fragte er ihn, ob er die Nacht in seinem Haus verbringen dürfe.

„Mir genügt eine einfache Schlafstelle", fügte er hinzu, obwohl der Kaufmann den Fragenden sofort erkannt und bereitwillig genickt hatte. Denn wer konnte schon der schmeichelnden Stimme und den großen, dunklen Augen von Franziskus widerstehen...

An diesem Abend erfuhr der Mann aus Assisi alles, was er wissen wollte. Er tunkte sein Brot in den Wein, während der Hausherr von dem wilden, gierigen Ungeheuer erzählte, das nicht nur viele Schafe aus den Ställen geholt hatte. Es riss auch Pferde und fiel sogar Menschen an. Die Liste seiner Opfer wurde mit jedem Tag länger. Deshalb ging in Gubbio das Gerücht um, so schrecklich wüte kein Wolf; das sei bestimmt der Teufel. Als Franziskus von dem Verdacht hörte, stand sein Entschluss fest.

Am anderen Morgen erhob er sich frühzeitig. Nachdem er seinem Gastgeber gedankt hatte, eilte er auf den Marktplatz. Unter den Bewohnern der Stadt hatte sich bereits herumgesprochen, wer bei ihnen weilte. Sobald die Menschen den schmächtigen Mann entdeckten, versammelten sie sich und warteten stumm auf das erste Wort des Predigers. Sie wussten, dass Franziskus ohne Begleitung über das Land gezogen war. Was für ein Leichtsinn, dachten sie erschrocken. Ein Narr, der sich auf diese Weise in Gottes Hand gibt!

Der kleine Mann aus Assisi hatte inzwischen den Rand eines Brunnens erklommen, damit er die Menge besser überblicken konnte. Er wollte, wie er das häufig tat, mit einem Scherz beginnen. Doch dann sah er die übernächtigten Gesichter, in denen die Angst zu Hause war. Darum vermied er jedes überflüssige Wort. „Ich werde zu unserem Bruder, dem Wolf, gehen. Ich will ihn um Frieden bitten", sagte er nur und verließ wieder seinen erhöhten Platz.

„Fordere dein Schicksal nicht heraus", riefen ihm die Menschen zu. „Du begibst dich in Gefahr. Glaub uns, dieser Wolf schreckt selbst vor einem Gottesmann nicht zurück." Aber Franziskus blieb bei dem gefassten Entschluss. So oft in seinem Leben hatte er schon mit einem Tier gesprochen, und immer hatte es ihn verstanden! Noch in der gleichen Stunde brach er auf. Ein paar Mutige begleiteten ihn vor das Tor, bis zum freien Feld, wo sie Abschied nahmen. Die anderen bestiegen die Stadtmauer. Verzagt musterten sie den Waldrand. Jeden Augenblick konnte der schreckliche Wolf aus dem Hinterhalt brechen.

Früher als erwartet zeigte er sich. Wie ein Schatten tauchte er plötzlich zwischen den Bäumen auf. Sobald er Franziskus gewittert hatte, straffte sich sein Körper, und aus seiner Kehle drang ein dumpfes Grollen. Er hetzte in großen Sätzen über die Schafweiden, umkreiste das still ausharrende Mönchlein, kam lauernd näher. In der Morgensonne schien das Fell des Tieres ständig seine Farbe zu ändern. Anfangs glänzte es tief schwarz, dann trat immer stärker der rötliche Schimmer der Rückenhaare und der Halskrause hervor. Die hochgezogenen Lefzen entblößten ein mächtiges Gebiss. Wann würde es zuschnappen und sein Opfer zerfetzen?

Schon setzte der riesige Wolf zum Sprung an. Da schlug Franziskus das Zeichen des Kreuzes über ihn. „Komm zu mir, mein Bruder", lockte er mit heller Stimme. „Komm zu mir. Die Bürger von Gubbio sollen sehen, dass du keine bösen Absichten hegst." Bei diesen Worten duckte sich der Wolf. Winselnd kroch er Franziskus entgegen und blieb wie erstarrt vor dessen Füßen liegen. Nur sein Schwanz schlug unruhig auf den Boden. „Du hast großes Unheil angerichtet. Deshalb ist es kein Wunder, dass dich die Menschen hassen", sagte Franziskus. „Trotzdem will ich Frieden stiften zwischen dir und den Bürgern in Gubbio."

„Ich weiß, dass du aus Hunger getötet hast, und ich weiß, dass es kein größeres Übel gibt als den Hunger", fuhr er fort. „Darum erhältst du künftig dein Futter von den Bewohnern der Stadt. Wie einen Bruder sollen sie dich behandeln. Aber das tun sie nur, wenn du weder den Menschen noch den Tieren ein Leid zufügst. Versprich mir das! Ich bitte dich, versprich es mir..."

Kaum hatte Franziskus seine Bitte vorgebracht, da setzte sich der Wolf auf die Hinterläufe. Er richtete das struppige Maul gegen den Himmel und stieß zur Bestätigung ein langes, tief aus der Kehle kommendes Geheul aus. Danach legte er die rechte Vorderpfote in die ausgestreckte Hand des Heiligen. „So ist es gut", freute sich Franziskus. „Jetzt gehen wir nach Gubbio. Ich will unsere Abmachung auf dem Marktplatz der Stadt wiederholen, damit ihr das ganze Volk zustimmen kann." Ohne Zögern gehorchte der Wolf. Er begleitete den Mann aus Assisi und lief neben ihm her, friedlich wie ein Lamm.

Die Bewohner der Stadt hatten sich bereits versammelt. Sie begrüßten Franziskus voller Bewunderung. Dieser blickte forschend in die Runde, bevor er die Stimme erhob. „Seht hier unseren Bruder", rief er und deutete auf das riesige Tier. „Der Wolf hat seinen Untaten abgeschworen. Als Gegenleistung erwartet er von euch, dass ihr ihn aufnehmt und jeden Tag füttert, damit er nicht mehr hungern muss. Ich bürge für unseren Bruder. Er wird den Frieden, den er euch versprochen hat, bis an das Ende seiner Tage halten."

Der Wolf schien jedes Wort von Franziskus zu verstehen, denn er wedelte mit dem Schwanz und nickte mit dem Kopf. So zeigte er, dass er gewillt war, den Vertrag mit den Bürgern von Gubbio zu erfüllen.

Darauf erwachte in der Stadt eine bisher nicht gekannte Fröhlichkeit. Die Menschen fielen sich in die Arme und priesen den mächtigen Gott, der ihnen Franziskus gesandt hatte. Gerne gab das Volk die Zusicherung, künftig für den Wolf zu sorgen. Zwei Jahre lebte er noch in der Stadt und ging von Tür zu Tür, ohne jemand ein Leid anzutun. Nicht einmal die Hunde bellten hinter ihm her.

Während dieser Zeit bekam der Wolf alles, was sein Magen brauchte. Er war sehr zutraulich und spielte sogar mit den Kindern. Als er starb, trauerte die ganze Stadt um den sanft gewordenen Räuber. Dabei erinnerten sich die Menschen dankbar an die noch größere Sanftmut von Bruder Franziskus, der das wilde Tier gezähmt hatte.

Der Bauernsohn, der kein Bischof werden wollte

(Wolfgang / 31. Oktober)

Vor mehr als tausend Jahren herrschte große Not im Abendland. Die Ungarn fielen über die Dörfer und Klöster her. Selbst die Städte hinter ihren starken Mauern waren nicht sicher vor ihnen. Auf kleinen, flinken Pferden erschienen die Angreifer und verschwanden wieder, eine Spur der Verwüstung hinter sich lassend. Überall an ihrem Weg gingen die Höfe und die Burgen in Flammen auf. Wer sich nicht rechtzeitig in den Wäldern versteckte, musste um sein Leben bangen.

In dieser Zeit der Angst wuchs Wolfgang heran. Er war ein Bauernsohn, dessen Eltern frei über ihren Grund verfügten und keine Abgaben an Adlige zahlen mussten. Wolfgang fiel schon bald durch seine klugen Fragen auf. Deshalb wurde er zu den Mönchen auf die Insel Reichenau geschickt. Die Schule des Klosters war berühmt. Wer damals Lesen und Schreiben lernen wollte, tat dies in einer fremden Sprache: in Latein. Wolfgang hatte keine Schwierigkeiten damit. Am liebsten sah er den Mönchen zu, wie sie die heiligen Bücher abschrieben. Das dauerte oft jahrelang. Jedem Wort, jedem Buchstaben galt ihre ungeteilte Aufmerksamkeit.

Wolfgang wusste, dass er als Sohn eines Bauern keine besonderen Ansprüche stellen durfte. Er war ein Außenseiter. Neben ihm in der Schule saßen die Söhne von Grafen und Fürsten, die auf hohe Ämter vorbereitet wurden. Zu den adligen Schülern gehörte auch Heinrich von Babenberg. Wolfgang verstand sich auf Anhieb mit ihm. Er folgte dem Babenberger an die Würzburger Domschule und dann nach Trier. Dorthin war sein Freund als Erzbischof gerufen worden. In Trier kümmerte sich Wolfgang um die Priesterzöglinge. Nach dem Vorbild der Mönche auf der Reichenau lehrte er sie, die täglichen Gebetszeiten einzuhalten und einfach zu leben.

Erzbischof Heinrich blieb nicht lange in der Stadt an der Mosel. Er musste mit dem Kaiser nach Rom ziehen, wo ihn die Pest auf das Krankenlager warf. Kurz vor seinem

Tod bat er den Herrscher, seinen Freund zu beschützen, denn viele Geistliche in Trier rümpften die Nase über den einfachen Bauernsohn; andere waren neidisch auf ihn, weil er sie weit übertraf an Gelehrsamkeit. Deshalb sagte Wolfgang sofort zu, als ihn der Bruder des Herrschers, Erzbischof Bruno von Köln, in die kaiserliche Kanzlei berief. Jetzt war er dort angekommen, wo die Fäden der Macht zusammenliefen und die hohen Ämter vergeben wurden.

Bruno, der gerechte, unbestechliche Leiter der Kanzlei, erkannte bald die besondere Begabung des Mannes von der Reichenau. Er hätte ihn gerne als Bischof gesehen. Doch Wolfgang fühlte sich unbehaglich unter den hohen Herren. Ihn zog es zurück in ein Kloster. Möglichst abgeschieden sollte es sein, fern von aller Pracht und von allem Streit zwischen den Mächtigen. In Einsiedeln hoffte er die Stille zu finden, nach der er sich sehnte. Dieses Kloster war erst wenige Jahrzehnte zuvor gegründet worden. Hoch über dem Züricher See lag es im Finsterwald, wo noch die Bären hausten und Wölfe und Luchse durch die Wildnis streiften. Nicht einmal eine Handelsstraße führte nach Einsiedeln, nur ein steiler Pilgerpfad. Die Mönche rodeten das raue, karge Land. Sie beteten und arbeiteten. Alles was dabei störte, blieb draußen vor den Klostermauern.

Es war ein langer Weg von Köln bis in die Berge am Züricher See. Noch einmal, ein letztes Mal, besuchte Wolfgang die Eltern. Sie hatten davon geträumt, dass ihr kluger Sohn erfolgreich und berühmt wurde: ein Berater am Kaiserhof, immer in der Nähe der Macht, vom Glanz des Herrschers beschienen. Vielleicht, so dachten sie, steigt er eines Tages sogar zum Bischof auf… Jetzt zerbrach dieser Traum. Wolfgang meinte es ernst. Er hatte sich für die Armut und den Abschied von der Welt entschieden. Vergeblich drangen die Eltern in ihn, vergeblich machten sie ihm heftige Vorhaltungen. Ihr Sohn blieb dem einmal gefassten Entschluss treu.

Er war schon über vierzig Jahre alt, als er an die Klostertür von Einsiedeln klopfte und um Aufnahme bat. Endlich durfte er Mönch sein. Alles erinnerte Wolfgang an die Zeit auf der Reichenau. Der Abt bestimmte ihn schon bald zum Leiter der Klosterschule. Obwohl Einsiedeln am Rande der Welt lag, sprach sich herum, wer dort wirkte. Die Zahl der Schüler, die von Wolfgang unterrichtet werden wollten, nahm stetig zu. Bei einem Besuch des Klosters wurde Bischof Ulrich aus Augsburg auf den bescheidenen Mönch aufmerksam, der sich lieber im Hintergrund hielt. Er weihte ihn zum Priester, obwohl sich Wolfgang auch dagegen wehrte. Viel lieber wäre er ein Geringer unter Geringen geblieben…

Bischof Ulrich hatte die kleine Streitmacht angeführt, die Augsburg gegen den Angriff der Ungarn hielt, und er war im kaiserlichen Heer mitgeritten, das den Eindringlingen kurz danach eine schlimme Niederlage auf dem Lechfeld zufügte. Vermutlich dachte Wolfgang an diesen großen Bischof, als er sich entschloss, die Ungarn zum Christentum zu bekehren. Sein Abt gab ihm zum Schutz ein paar Brüder mit. Der Weg in die heidnische Fremde war noch länger und mühsamer als der Weg von Köln bis Einsiedeln. Nach ihren Raubzügen hatten sich die Steppenkrieger an der unteren Donau festgesetzt, in einem Gebiet, das damals Pannonien hieß. Die Niederlage im Westen schmerzte noch wie eine offene Wunde. Nur sehr widerwillig erinnerten sich die Ungarn an das Kreuz, das dem gegnerischen Heer auf dem Lechfeld vorangetragen wurde. Jetzt erschien Wolfgang und berief sich auf dieses verhasste Zeichen. War er wirklich in friedlicher Absicht gekommen? Nein, sie wollten nichts zu tun haben mit dem Gott der Christen, nichts mit den Mönchen in ihren schwarzen Kutten…

Enttäuscht musste Wolfgang die Missionsreise abbrechen. Auf dem Rückweg wanderte er donauaufwärts bis nach Passau, wo er Bischof Pilgrim von seiner vergeblichen Mühe erzählte. Während Wolfgang berichtete, hörte der Bischof aufmerksam zu. Dieser Mönch des Klosters Einsiedeln gefiel ihm. Er machte keinen Erfolg aus seinem Scheitern, er verbarg nichts, er beschönigte nichts. Je mehr er von sich und seiner großen Enttäuschung preisgab, umso klarer stand für Pilgrim fest: Vor ihm stand der Mann, der wie kein anderer geeignet war, die Nachfolge des verstorbenen Bischofs von Regensburg anzutreten! Unverzüglich sandte er einen Brief an den Kaiser und bat ihn, den Mönch auf den frei gewordenen Bischofsstuhl zu berufen.

Wolfgang hatte von all dem nichts mitbekommen. Als die Boten mit der Zustimmung des Kaisers in Passau eintrafen, brach für ihn eine Welt zusammen. Warum musste ausgerechnet er Bischof werden? Nie mehr würde er Einsiedeln sehen, das ferne Kloster im Gebirge! Vorbei war es mit der Stille und der Einsamkeit, in der er bis dahin gebetet hatte. Nun musste er Gott bei den Menschen suchen, mitten im Lärm und im Händel der Welt. Wolfgang machte Bischof Pilgrim heftige Vorwürfe. Die Furcht vor dem hohen Amt schüttelte ihn. Pilgrim sah es mit Sorge. Auch der Kaiser, der gerade Hof hielt in Frankfurt, bemerkte es. Feierlich war Wolfgang dorthin geleitet worden. „Ich bin kein Bischof, ich bin nur ein armer Sünder. Lass mich gehen", flehte er ein letztes Mal, während er sich vor dem Herrscher niederwarf. Doch der lehnte seine Bitte ab und reichte ihm den Ring und den Stab als Zeichen der bischöflichen Würde. Warum hatte Wolfgang solche Furcht? Der Kaiser wunderte sich. Gott, der alles vermag, wird auch diesem bescheidenen Mann die Kraft für sein Amt geben, hoffte er.

Selbst als großer Herr in Regensburg vergaß Wolfgang nie seine Herkunft. Er weigerte sich, prächtige Kleider anzuziehen. Obwohl er dafür verspottet wurde, trug er weiterhin seine Kutte. Jeden Tag lud er Arme an den Tisch im Bischofshaus. „Ihr seid meine Brüder", sagte er zu ihnen, und alle sahen ihm an, dass er sich wohl fühlte in ihrer Gesellschaft, viel wohler als bei den Vornehmen der Stadt. Einmal schnitt einer der Gäste heimlich den Vorhang ab, der das Bett des Bischofs verhüllte. Als er dabei ertappt wurde, rechtfertigte er sich und sagte: „Ich brauche den Stoff, weil ich kein Geld für ein neues Kleid habe." Da verwehrte der Bischof seinen Knechten, dass sie den Dieb bestraften. „Gebt ihn wieder frei", befahl er. „Denn ich hätte besser für ihn sorgen sollen."

Immer wieder kam es vor, dass ein Hagelwetter die Ernte zerschlug oder dass das Korn, weil der Regen kein Ende fand, in der Nässe gar nicht erst hochkam. Dann brachen Hungersnöte aus. Auch Wolfgang erlebte diese schrecklichen, unfruchtbaren Jahre. Wenn das Elend am größten war, gab er den Auftrag, die bischöflichen Speicher zu öffnen und das darin lagernde Getreide zu verkaufen. Den Käufern aber stellte er eine Bedingung: Sie mussten die Hälfte des erworbenen Getreides an Arme, die kein Geld hatten, weiter verschenken.

Rasch sprach sich herum, wie freundlich und wie gerecht der neue Bischof von Regensburg war. Immer häufiger wurde er um Rat gefragt. Der bayerische Herzog überließ ihm sogar seine Kinder zur Erziehung. Heinrich hatte hochfliegende Pläne. Als der Kaiser starb, wollte er dessen Nachfolger werden und zettelte einen Aufstand gegen den jungen Sohn des Kaisers an. Auch den Bischof von Regensburg versuchte er auf seine Seite zu ziehen. Wie eine Figur in einem Brettspiel kam sich Wolfgang vor. Wen immer er unterstützte – der andere würde mit seinen Anhängern über Regensburg herfallen. Deshalb blieb ihm keine Wahl: Er musste fliehen, um seine Stadt zu schützen. Unerkannt ritt er zum Kloster Mondsee. Das lag im Gebirge, weitab von der Donau. Aber selbst dort fühlte er sich auf Dauer nicht mehr sicher. So verließ er das Kloster bald nach seiner Ankunft und zog in die Wildnis am Abersee, der später nach ihm Wolfgangsee genannt wurde. Hier lebte er zwei Jahre als Einsiedler. Viele Wundergeschichten erzählen davon.

Rings um das Kloster Mondsee, so beginnt eine dieser Geschichten, war das Land bereits gerodet worden. Hinter den Feldern und Wiesen aber stand noch der ungezähmte Wald. Entwurzelte Bäume lagen übereinander, und das Dornengestrüpp wucherte mannshoch. Selbst an hellen Tagen, wenn die Sonne wolkenlos glänzte, sah die Wildnis aus wie eine ganz andere, dunkle Welt. Trotzdem wagte sich Wolfgang in die grüne Finsternis. Lange, sehr lange suchte er nach einem Durchgang zwischen zwei hohen Bergen. Er wollte schon entmutigt umkehren, da schwankten die Felsriesen auf einmal, als wollten sie auf ihn fallen, und ein furchtbares Stöhnen und Grollen stieg aus ihrem Inneren. In seiner Not warf sich der Heilige mit ausgebreiteten Armen auf die Erde. Wie ein Gekreuzigter blieb er liegen, bis das Getöse knirschend und scheppernd an ein Ende kam. Als Wolfgang vorsichtig hochblickte, hatten sich die beiden Berge auseinander bewegt, und der Weg lag frei vor ihm.

Nachdem der Bischof eine Zeitlang gewandert war, gelangte er in die Gegend des Abersees. Dort nahm er sein Handbeil und schleuderte es mit aller Kraft über die Wipfel des Waldes in das Tal hinunter. Dabei sagte er: „Wo das Beil niederfällt, will ich bleiben." Auf einem Felsen nahe am See fand er sein Eigentum wieder. Die Schneide des Beils blitzte in der Sonne. Noch am selben Tag begann er mit dem Bau eines Kirchleins aus Holz. Dazu fällte er ein paar Bäume, die er mühselig bearbeitete. Er glättete die Stämme und versah sie mit Kerben, so dass er sie ineinander fügen konnte. In die Ritzen stopfte er Moos. Zuletzt, als Wolfgang schon fertig war, legte er Steine auf das Dach, damit es der Wind nicht forttrug.

Während der ganzen Zeit – so steht es in den alten Büchern – hatte der Teufel zugesehen. Nach getaner Arbeit stellte sich der Herr der Unterwelt dem Bischof in den Weg. „Schön ist das Werk deiner Hände", sagte er mit schmeichelnder Stimme. „Die Menschen werden in Scharen zu diesem Gnadenort strömen. Wer hierher kommt, will nichts wissen vom Bösen. Schau mich an: Bin ich nicht ein armer Teufel? Überlass mir wenigstens den ersten Pilger, der die Kapelle betritt." Wolfgang verschwendete keine Zeit für den seltsamen Finsterling. Nicht einmal einen Blick gönnte er ihm. „Warte bis morgen, dann soll dein Wunsch erfüllt werden", antwortete er nur kurz. Kaum war der Teufel fröhlich meckernd verschwunden, rief der Heilige jedoch Gott um Beistand an. Am anderen Morgen lauerte der Bocksbeinige schon im Frühlicht vor der Kapelle. Da trottete ein Wolf herbei. Mit gesenktem Kopf, voller Demut, hielt er an und klopfte mit den Pfoten gegen die Tür des Gotteshauses. Daraufhin schrie der Teufel zornig: „Bischof, du hast mich betrogen!" Jammernd und heulend erhob er sich in die Luft und sauste davon.

Zwei Jahre verbarg sich Wolfgang am Abersee, bis ein Jäger zufällig auf die Kapelle stieß und dem Bischof heimlich beobachtete. Der Mann behielt seine Entdeckung nicht für sich. Die Kunde davon drang auch nach Regensburg. Bald darauf erschien ein großes Gefolge bei der Einsiedelei. Hohe Geistliche und Ratsherren fielen vor Wolfgang auf die Knie und baten ihn so inständig, nach Regensburg zurückzukommen, dass er schließlich seinen Widerstand aufgab. Nur ungern trennte er sich von dem abgeschiedenen Ort, der ihm ans Herz gewachsen war. Am liebsten hätte er der Welt für immer den Rücken gekehrt. Während er mit dem Gefolge aufbrach, knirschte und ruckelte es im Gebälk der Kapelle. Wollte sie sich vielleicht sogar ihrem Erbauer anschließen? „Bleib stehen! Bei Gott, bleib stehen!" soll Wolfgang gerufen haben. Da erst sei das Kirchlein wieder zur Ruhe gekommen und wie träumend hinter den Bäumen zurückgeblieben.

Viel gäbe es noch zu erzählen aus dem Leben des Heiligen. Als Schüler hatte er auf der Reichenau das berühmteste Kloster seiner Zeit kennengelernt. Nun unterstützte er nach Kräften das Kloster von Sankt Emmeran in Regensburg, das sich bald mit anderen bedeutenden Orten der Kunst und der Wissenschaft messen konnte. Wolfgang war über siebzig Jahre alt, als er noch einmal eine Fahrt donauabwärts zu den Besitzungen seines Bistums unternahm. Dabei erkrankte er schwer. Weil er spürte, dass sein Ende nahte, befahl er, das Schiff ans Ufer zu lenken. Dort stand eine Kapelle, in die er sich tragen ließ. Sein Gefolge legte ihn auf einer Decke vor dem Altar nieder. Während er betete, drängten die Bauern und Fischer der Umgebung in das kleine Kirchlein. Neugierig scharten sie sich um den Sterbenden. Als die Begleiter des Bischofs das Volk vertreiben wollten, tadelte sie Wolfgang. „Jeder konnte zusehen, wie Jesus am Kreuz für uns gestorben ist", sagte er. „Darum vertreibt keinen, der dabei sein möchte, wenn ich sterbe." Nach diesen Worten schloss er die Augen und verschied.

Am meisten trauerten die Kinder des bayerischen Herzogs, dass der Bischof für immer fortgegangen war. Wolfgang hatte sie alle zu guten Christen erzogen: Bruno wurde später Bischof von Augsburg, Brigitte stand als Äbtissin dem Kloster Niedermünster in Regensburg vor, und Gisela heiratete König Stefan von Ungarn. Heinrich aber beerbte seinen Vater, der längst wieder Frieden geschlossen hatte mit dem

Kaiser. Einmal schlief der junge Herzog am helllichten Tag ein. Da trat im Traum der heilige Wolfgang zu ihm. Er wies auf eine weiße Wand. „Sieh, was dort geschrieben steht", sagte er zu seinem Schüler. Erstaunt las dieser die Worte: „Nach sechs." Noch im selben Augenblick erwachte er.

Bestimmt werde ich nach sechs Tagen sterben, dachte er und bereitete sich auf seinen Tod vor. Während dieser Zeit handelte er so gerecht und fromm wie kein anderer Herrscher. Als sechs Tage vorüber waren und Heinrich immer noch lebte, glaubte er, der Tod käme in sechs Wochen. Da empfand er eine noch größere Liebe für Gott und die

Menschen. Auch nach sechs Wochen blieb er am Leben. Jetzt vermutete der Herzog, er werde in sechs Monaten sterben. Doch die Frist verstrich ebenfalls. Er nahm deshalb an, sein Leben würde in sechs Jahren zu Ende gehen. Heinrich nützte die Zeit und regierte voller Weisheit und Güte.

Im sechsten Jahr aber zog er nach Rom, wo er zum Kaiser gekrönt wurde. Endlich verstand er die Botschaft seines Lehrers. Er fiel auf die Knie und dankte für den Traum, der ihm nun wie ein großes, wunderbares Geschenk erschien.

Was du dem Bettler getan hast
(Martin / 11. November)

Martin – so hatte ihn der Vater nach dem römischen Kriegsgott Mars genannt. Stark und verwegen sollte er werden und mit dem Schwert in der Hand die Feinde des Kaisers vor sich her treiben. Denn Martins Vater war selbst ein Soldat. Er diente als Hauptmann im kaiserlichen Heer. Deshalb schmerzte es ihn, als der Sohn keine Neigung zeigte, das Waffenhandwerk zu erlernen.

Viel lieber streifte Martin durch die Gassen von Pavia oder Ticinum, so hieß die Stadt damals. Neugierig setzte er sich zu den alten Männern. Er sah ihnen beim Würfelspiel zu und merkte sich, was sie einander erzählten, obwohl er kaum etwas davon verstand. Später dann, als er größer geworden war, zogen ihn die Wanderprediger an. Sie traten überall in der Stadt auf. Jetzt erfuhr er zum ersten Mal, dass es in Ticinum Christen gab, die an einen unsichtbaren Gott glaubten.

Der Lehrer, der von diesem unsichtbaren Gott sprach, verließ sich ganz auf die Kraft seiner Worte. Martin hörte gebannt zu. Tagelang hätte er das tun können. Ohne dass er es wusste, war aus ihm ein anderer geworden. Plötzlich sah er die Statuen auf dem Hausaltar mit fremden Augen an, und die gewohnten, tausendmal geflüsterten Bitten an die Götter erschienen ihm wie ein törichtes Geklingel.

Nur die Mutter merkte, was in Martin vorging. Er redete mit keinem darüber, vor allem nicht mit dem Vater, der immer noch im Dienst des Kaisers stand. An der Hüfte des Hauptmannes baumelte ein kurzes Schwert mit einem verzierten Griff. Auch Martin sollte dieses Schwert bekommen, denn alle Söhne der Soldaten wurden mit sechzehn Jahren zum Militärdienst herangezogen.

Aber der Vater, ein ungeduldiger Mann, wollte nicht mehr warten bis dahin. Voller Grimm hatte er beobachtet, dass Martin die Kriegsspiele der Gleichaltrigen mied und stattdessen zu den Versammlungen der Christen ging. Deshalb zwang er den Sohn, bereits ein Jahr vor der festgesetzten Zeit in das römische Heer einzutreten.

Vergeblich wehrte sich Martin. Mit jeder Bitte um Verschonung, die er vorbrachte, wurde der Zorn des Vaters größer. Schließlich befahl der Hauptmann seinen Gefolgsleuten, den Sohn in Ketten zu legen. So gedemütigt, musste Martin den Eid auf den Kaiser ablegen. Zitternd gelobte er, sein Leben für den Herrscher des römischen Reiches einzusetzen ...

Dabei hätte er dieses Versprechen viel lieber einem anderen, unsichtbaren Herrscher gegeben. Immer wieder dachte er an die Einsiedler, die fern von allen Dörfern und Städten in der Gluthitze der Wüste ausharrten. Dort redeten sie mit Gott, und nichts störte das Zwiegespräch. Martin konnte von diesem stillen Leben nur träumen. Jeder Tag brachte ihm neue, böse Überraschungen. An vielen Stellen drangen germanische Krieger in die Provinzen ein. Sie bedrohten sogar die befestigten Militärlager.

Selbst der Kaiser begann sich zu fürchten. Wenigstens kann ich mich auf meine Garde verlassen, dachte er manchmal. Auch Martin gehörte der Garde an. Er diente jetzt schon drei Jahre und war zum Offizier in der Reiterei aufgestiegen. Das änderte jedoch nichts an seiner bescheidenen Lebensweise. Wo andere Offiziere von drei Dienern umsorgt wurden, begnügte er sich mit einem, den er brüderlich behandelte. Wenn sie gemeinsam aßen, trug er dem Diener die Speisen auf, und nach anstrengenden Ritten zog er ihm sogar die Stiefel aus.

Freilich musste er sich dafür den Spott seiner Kameraden anhören. Sie verstanden auch nicht, warum er sich mit den Siechen abgab, die am Straßenrand hockten. „Du wirst dich noch anstecken", riefen sie aufgebracht. Er aber sagte nur, was er bei solchen Gelegenheiten immer sagte: „Ich sorge mich nicht um den nächsten Tag."

Vielleicht hätte er sich doch Sorgen machen sollen! Denn er gab seinen ganzen Sold an die Armen weiter; selbst seine Kleider verschenkte er, bis er nur noch ein einziges Gewand und nur noch einen warmen Umhang besaß. Da wusste er bereits, dass ein ungewöhnlich strenger Winter vor der Tür stand.

Martin war mit den Reitern nach Ambiani geschickt worden. Heute nennt sich die Stadt Amiens. Seine Truppe hatte den Auftrag, das weite Gebiet ringsum zu bewachen. Zu diesem Zweck musste er regelmäßig Spähtrupps führen. Einmal, an einem kalten Tag, ritt er wieder hinaus, begleitet nur von wenigen, vertrauten Soldaten. Ein scharfer Wind strich über die Ebene, und das Eis klirrte in den Brunnen.

Die Pferde schnaubten leise. Ihre Rücken dampften. Schon seit Stunden hatte es geschneit, und nun lag der Schnee in hohen Wechten. An den Hals ihrer Tiere geduckt, suchten die Reiter nach einem Weg durch die Verwehungen. Sogar die Meilensteine, die sonst immer die Richtung anzeigten, waren unter der weißen Decke verschwunden. Allmählich begann es zu dunkeln. Über den Himmel jagten schwere, schwarze Wolken.

Wie freute sich Martin, als er nach diesem Erkundigungsritt die befestigten Wälle von Ambiani sah! Auch sein Pferd schien die Nähe des warmen Stalles zu wittern. Ohne dass er es antreiben musste, fiel es in einen leichten Galopp. Das Stadttor war noch nicht geschlossen worden. Martin wollte schon an den Wächtern vorbeipreschen.

Da entdeckte er den Bettler, der zusammengekrümmt in einer Mauernische kauerte. Er hatte die Arme um den nackten Oberkörper geschlungen, damit er noch einen Rest von Wärme für sich behielt. Es dauerte eine Zeitlang, bis sich der alte Mann aus seiner Erstarrung löste. Langsam und zitternd streckte er Martin die Bettelschale entgegen. „Hilf mir", flüsterte er heiser, „bitte, hilf mir!"

„Ich habe nichts für dich", wollte Martin schon antworten, während er sein unruhiges Pferd zügelte. Doch dann besann er sich. Mit einer raschen Bewegung löste er die Klammer, die seinen roten Wollumhang zusammenhielt. Danach zog er das Schwert und zerschnitt ihn in zwei gleich große Teile. Einen Teil reichte er dem Bettler, der sein Glück nicht fassen konnte.

„Wie gern hätte ich dir den ganzen Umhang geschenkt", sagte Martin. „Aber ich besitze keinen anderen. Jetzt muss er eben für uns beide reichen." Als das die Wächter hörten, verging ihnen der Spott. Dieser römische Offizier mag ein Narr sein, dachten sie. Trotzdem hat er uns beschämt...

Kleinlaut führten sie den Bettler in die Torstube. Dort durfte er sich aufwärmen. Martin war längst weitergeritten. Er hatte keine Lust, sich den neugierigen Fragen seiner Soldaten zu stellen. Die Geschichte von der Mantelteilung würde ohnehin die Runde machen. An dem Abend wollte er allein bleiben und zog sich sehr früh in seine Schlafkammer zurück. Aus der Unterkunft der Mannschaft tönte das Gelächter der Würfelspieler. Martin sank in einen unruhigen Schlaf.

Er wusste nicht, wie lange er so dagelegen hatte. Plötzlich wurde er hellwach. Oder träumte er nur, dass er wach wurde? Ein Licht strahlte in die Kammer. Es reichte bis in den letzten Winkel. Noch nie hatte Martin so ein Leuchten gesehen! Verwundert stell-

te er fest, dass dieser überirdische Glanz seinen Augen nicht wehtat, sie nicht einmal blendete.

Mitten im Licht stand Jesus. Er glich dem Mann am Tor, weil er das Mantelstück von Martin trug, und glich ihm doch nicht. „Was du dem Bettler getan hast", sagte Jesus, „das hast du mir getan". Dann wandte er sich an die Engel, die ihn umgaben und sprach: „Martin ist noch nicht getauft. Trotzdem tröstet er schon die Kranken und kleidet die Frierenden."

Als Martin am nächsten Morgen aufwachte, hörte er noch immer die Stimme aus seinem Traum: „Was du dem Bettler getan hast, das hast du mir getan." Er fühlte sich leicht und glücklich. Nach so vielen Jahren der Vorbereitung stand sein Entschluss fest: Er wollte in die Gemeinde der Christen aufgenommen werden. Deshalb ging er zum Bischof von Amiens. Vor den Neugierigen, die ihm gefolgt waren, stieg er in das große Wasserbecken der Kirche und kniete nieder. Demütig empfing Martin die Taufe.

Nach der Taufe fiel ihm der Militärdienst noch schwerer als bisher. „Herr Jesus, steh mir bei", betete er manchmal in düsteren Stunden. „Du weißt doch: Ich fürchte mich vor dem Augenblick, wenn ich einen Menschen töten muss!" Zwei Winter gingen in das Land. Martin trug nach wie vor den Waffenrock.

In diesem zweiten Jahr fielen die Alemannen in die römischen Gebiete ein und verwüsteten sie. Dem Kaiser blieb keine Wahl: Er musste seine Truppen zusammenziehen. Am Vorabend der entscheidenden Schlacht, die von den Soldaten mit Bangen erwartet wurde, ließ er die Garde antreten. Jeder Reiter wurde aufgerufen und empfing aus der Hand des Herrschers eine wertvolle Goldmünze.

Im Schein der untergehenden Sonne leuchteten die Götterstatuen, und die Lanzen der Soldaten blitzten. Der schwere Geruch von Räucherkerzen lag über den Zelten. Als Martin vortrat, verneigte er sich wie die anderen Offiziere. Aber er streckte seine Hand nicht aus. „Willst du keine Münze?" fragte der Kaiser erstaunt, während es still wurde im Lager.

„Ich kann dein Geschenk nicht annehmen", antwortete Martin mit fester Stimme. „Fünf Jahre habe ich dir gedient. Jetzt möchte ich nur noch Jesus dienen." Ungläubig hörte der Kaiser zu. Sein Gesicht verfärbte sich, und die Ader auf seiner Stirne schwoll bedrohlich. „Du bist ein Feigling", schrie er plötzlich. „Gib doch zu, dass dich die Angst umtreibt – die Angst vor dem Tod auf dem Schlachtfeld!"

Martin zwang sich zur Ruhe. Der Kaiser hat kein Recht, mich so zu behandeln, dachte er und biss sich auf die Lippen. Dann blickte er den Herrscher an, der immer noch vor Zorn bebte. „Ich werde dir beweisen, dass ich kein Feigling bin", sagte er. „Morgen früh trete ich dem Feind ohne Waffen entgegen, ohne Schild und Helm, nur mit dem Kreuz in der Hand." Bei diesen Worten lachte der Kaiser höhnisch. „Du hast dein Urteil gesprochen", rief er triumphierend. „Bindet den Mann und sperrt ihn ein. Wenn die Alemannen kommen, will ich ihn schutzlos vor der ersten Schlachtenreihe sehen."

Doch die alemannischen Krieger kamen nicht. Beim ersten Sonnenstrahl schickten sie überraschend Boten, die mit dem Kaiser einen Frieden aushandelten. Da wunderten sich die römischen Soldaten. „Jesus ist ein mächtiger Gott", flüsterten sie einander zu. „Wie sonst hätte er Martin beschützen können?"

Dem Kaiser aber blieb nichts anderes übrig: Er musste seinen Offizier freigeben.

Ein Sommerfest im eisigen Winter
(Albert / 15. November)

In die Bewunderung der Zeitgenossen für Albert den Großen mischte sich Beklemmung und Furcht. Die ihn kannten, staunten über seine gewaltigen Kenntnisse. Er wusste viel mehr als sie. Scheinbar mühelos hatte er die Schriften der arabischen Gelehrten und der griechischen Philosophen aufgenommen und verstanden. Sogar im Buch der Natur konnte er lesen. Wäre er kein frommer Bettelmönch gewesen, hätte man ihn sicherlich offen der Hexerei verdächtigt. So aber tuschelten die Leute hinter vorgehaltener Hand über Albert und erzählten einander Geschichten von seinen wunderbaren, zauberischen Fähigkeiten.

Einmal, so fängt die schönste dieser Geschichten an, kam Kaiser Wilhelm von Holland nach Köln, in die Lieblingsstadt des Bettelmönches. Dort wollte er am Grab der Heiligen Drei Könige beten. Albert erfuhr davon und lud den Kaiser samt Gefolge für den nächsten Tag in sein Kloster zum Mittagsmahl ein. Damals herrschte ein strenger Winter. Im Rhein trieben die Eisschollen zuhauf. Wie ein schwerer, grauer Sack hing der Himmel über den Häusern von Köln. Immer wieder öffnete sich dieser Sack, dann wehte der Schnee in dichten Böen durch die Gassen der Stadt und fegte alle Plätze weiß.

Als die Adligen, die zum Gefolge des Kaisers gehörten, am darauf folgenden Tag nach dem Gottesdienst aus dem Dom traten, empfing sie eine beißende Kälte. Nicht einmal ihre Pelze schützten sie gegen den Frost. Zitternd dachten sie an das Kloster der armen Mönche. Sie stellten sich vor, wie feucht und zugig es dort sein würde. Wahrscheinlich ließ sich der Speisesaal nicht einmal anständig heizen. Dann säßen sie frierend und übellaunig vor einer dünnen Suppe und einem sauren Wein. Bei dem Gedanken daran verging ihnen die Freude. Deshalb drängten sie den Kaiser, auf den Besuch im Kloster zu verzichten. Schließlich konnte man ihnen nicht zumuten, dass sie in ihren kostbaren Gewändern durch den Schnee wateten, nur um sich danach einen Husten oder Schlimmeres zu holen.

Der Herrscher blieb jedoch bei der Zusage, die er Albert gegeben hatte. So krochen die Grafen und Fürsten noch tiefer in ihre Pelze und zogen missmutig vor die Klosterpforte, wo sie der Heilige bereits erwartete. Er geleitete seine Gäste durch die kahlen Gänge in den Garten. Wie staunte der Kaiser, als er sah, dass dort, mitten im Schneetreiben, die Tische festlich gedeckt waren und zahlreiche Diener nur darauf warteten, bis sie die Speisen servieren durften. „Was soll dieser Unfug?", dachte der Kaiser erschrocken. Leiser Ärger stieg in ihm hoch. Aber er ließ sich nichts anmerken, sondern nahm schweigend Platz an der Tafel. Da blieb seinen Höflingen keine Wahl: Sie mussten dem Beispiel des Kaisers folgen. Ihre Glieder waren schon ganz steif, jetzt zog die Kälte auch noch in ihre Herzen ein.

Doch dann, ganz plötzlich, ereignete sich ein Wunder: Denn kaum hatte Albert das Zeichen für die Diener gegeben, die Speisen hereinzutragen, riss der Himmel auf. Ein Blau, wie es der Kaiser und sein Gefolge noch nie gesehen hatten, leuchtete hoch über ihnen und mitten in diesem Blau schwamm die goldene Sonne. Von einem Augenblick zum anderen schmolz der Schnee dahin. Aus der Erde spross das Gras und die welken Blätter in den Bäumen wurden wieder grün. An der Mauer, die den Garten umschloss, blühten die Weinranken, während sich schon erste Trauben zeigten. Angelockt von dem Duft verließen die Vögel scharenweise ihre Winterverstecke und fielen lärmend und singend in das unverhoffte Paradies ein.

Übermütig genossen die Gäste die sommerliche Wärme. Sie streiften ihre Pelze ab und legten sich in das weiche Gras, wo sie zu träumen begannen. So blieben sie und wussten nicht, wie ihnen geschah. Sobald jedoch die Teller abgetragen und die Tische wieder leer waren, klatschte Albert in die Hände. Da verschwanden die Diener wie Schatten. Gleichzeitig zog sich der Himmel stürmisch zu. Als hätte sie ein Schnitter gemäht, sanken alle Blüten zu Boden. Auch die Blätter in den Bäumen rollten sich raschelnd ein.

Während der Schnee mit jäher Gewalt aus dem Wintergrau niederstob, flüchtete die Gesellschaft ängstlich unter das schützende Klosterdach. Nur der Kaiser riss sich ungern los von dem Ort des Wunders. Er umarmte Albert und dankte ihm für das Sommerfest mitten in der kalten, unwirtlichen Zeit.

שלום

Schwester und Bruder
(Elisabeth / 19. November)

Elisabeth war die Tochter des ungarischen Königs. Schon bald nach ihrer Geburt stand fest, dass sie einmal den Sohn des Landgrafen von Thüringen heiraten würde. Zwei mächtige Familien verbanden sich auf diese Weise. Kaum vier Jahre zählte Elisabeth, als sie auf den Stammsitz ihres späteren Mannes gebracht wurde. Viele Wochen verstrichen, bis sie mit ihrem Gefolge endlich in Thüringen eintraf. Die Wartburg lag hoch über der Stadt Eisenach. Ihre mächtigen Mauern und Türme berührten die Wolken, die seit Tagen die Sonne verdeckten.

Wie ein düsteres Gefängnis erschien die Burg der kleinen Prinzessin. Sie schreckte zusammen, vergrub ihr Gesichtchen in den Händen. Währenddessen holperten die Wagen des Begleitzuges schwerfällig bergan. Unter den wetterfesten Planen lag das Hochzeitsgut, sorgfältig verwahrt in Kisten und Säcken. Fluchend schlugen die Fuhrknechte auf die Maultiere ein, deren Rücken vom Schweiß glänzte.

Vor dem großen Tor der Wartburg stand die Landgräfin Sofia. Sie empfing die Prinzessin sehr höflich. Dabei wahrte sie Abstand, wie es sich für die Fürstin gehörte. Ein fremdes Land erwartete Elisabeth, und fremde Augen musterten sie. Neugierig schätzten diese Augen das Hochzeitsgut ein, das die Diener der Landgräfin abluden. Ein paar der Truhen mit silbernen Beschlägen stemmten sie gleich an Ort und Stelle auf. War die Mitgift angemessen für eine Prinzessin, oder hatte der Vater im fernen Ungarn auf Kosten seiner Tochter gespart? Die Adligen des Landes, die sich in einem Halbkreis hinter der Gräfin drängten, schienen nicht sonderlich beeindruckt zu sein. Sie warfen sich vielsagende Blicke zu. Elisabeth blieb davon ausgeschlossen. Die lange Reise hatte sie erschöpft. Jetzt fror sie auch noch.

Ihre ganze Kindheit verbrachte die Prinzessin auf der Wartburg. Die Mädchen, mit denen sie heranwuchs, wurden später ihre Hofdamen. Auch Agnes, die schöne Schwester des Bräutigams, zählte zu den vertrauten Gefährtinnen von Elisabeth. Trotzdem gab es zwischen den beiden einen Rest an Fremdheit, der nie verschwand.

Agnes liebte den höfischen Prunk, sie kleidete sich gern vornehm und schmückte sich mit kostbarem Silber- und Goldschmuck. Elisabeth dagegen mied die Gewänder aus Samt und Seide. Lieber schlüpfte sie in einfache Wollröcke und Kittel.

Einmal, als die jungen Frauen festlich herausgeputzt in die Kirche traten, nahm Elisabeth ihre mit Perlen bestickte Kopfhaube ab und legte sie neben sich auf das Gestühl. „Warum tust du das?" erkundigte sich die stolze Landgräfin erstaunt und Elisabeth antwortete: „Wie kann ich so etwas Schönes tragen, wenn mich Jesus unter seiner Dornenkrone anblickt?" Da schwieg die Landgräfin verlegen. Auch Agnes hütete sich, etwas zu sagen. Aber sie behielt den Kopfschmuck auf, genauso wie ihre Mutter.

Noch ganz andere, sonderbare Geschichten wurden von Elisabeth erzählt. Am liebsten, so schien es, weilte sie unter den Mägden in der Gesindekammer, und wenn einmal ein Bettler den mühseligen Weg zur Burg emporstieg, schenkte sie ihm alles, was sie gerade bei sich trug. Dafür wurde sie hart getadelt. Die mächtigen Räte des jungen Landgrafen beobachteten Elisabeth voller Argwohn. War sie nicht zu fromm und zu eigensinnig für eine Herrscherin? Zugegeben: Sie tanzte und lachte gern, und manchmal sang sie übermütig wie ein Vogel, der für einen Augenblick seinen Käfig vergisst. Das hätten die Räte des Landgrafen noch hingenommen, aber nicht die verschwenderische Freigebigkeit von Elisabeth. „Schick die kleine Prinzessin zurück, ehe es zu spät ist. Andere Töchter bringen ein größeres Heiratsgut mit", empfahlen sie ihrem Herrn, der selbst kaum den Kinderschuhen entwachsen war. Doch Ludwig schüttelte nur den Kopf. Einmal, als die Rede wieder auf Elisabeth kam, zeigte er zum Fenster hinaus. „Wenn dieser Berg dort draußen ganz aus Gold wäre", sagte er, „würde ich eher auf ihn verzichten als auf eine Heirat mit Elisabeth." So brachte er die Einflüsterer, die Zwietracht säen wollten, zum Schweigen.

Trotzdem musste sich die Prinzessin aus dem fernen Königreich noch viele Demütigungen gefallen lassen. Aber wenigstens wagte niemand mehr, sie offen anzugreifen. Nach ihrer Heirat waren Elisabeth und Ludwig ein unzertrennliches Paar. Sogar bei Tisch saßen sie nebeneinander, obwohl die höfische Sitte vorschrieb, dass Männer und Frauen getrennt voneinander aßen. Wenn der Landgraf seine Burg verließ, begleitete ihn Elisabeth. Dabei scheute sie weder stürmisches Wetter noch die morastigen Wege, die oft nur mit Holzbohlen befestigt waren. Ritt Ludwig einmal weiter fort, wartete sie voller Ungeduld auf ihn. Sobald seine Rückkehr angekündigt wurde, schlüpfte sie dann – ganz gegen ihre Gewohnheit – in golddurchwirkte Gewänder und flocht seidene Bänder in ihr Haar. So ging sie ihrem Mann entgegen: festlich und voller Freude.

Unter dem jungen Landgrafen blühte das Land. Es herrschte Frieden, und die Menschen lebten voller Zuversicht. Sie wussten, dass der Fürst kein Unrecht duldete. Nicht nur sein Gerechtigkeitssinn, auch sein Mut wurde im ganzen Land gerühmt. Damals gab es auf der Wartburg einen Löwen. Ruhelos wanderte er an den Gitterstäben des Käfigs entlang. Sein Gebrüll erschreckte die Neugierigen. Noch nie hatten sie so ein Ungeheuer gesehen! Eines Tages ließ der Wärter versehentlich die Käfigtür offen. Keiner bemerkte, dass der Löwe durch den Schlosshof streifte und schließlich in das Schlafgemach des Landgrafen eindrang. Als Ludwig erwachte, stand das wilde Tier vor seinem Bett. Ein wütendes Grollen stieg aus der Kehle des Löwen, und sein Schweif peitschte den Boden. Ohne nachzudenken sprang Ludwig auf. Furchtlos ging er dem Löwen entgegen und zwang ihn, sich vor ihm niederzulegen. So hielt der Landgraf das wilde Tier in Schach, bis seine Diener zu Hilfe eilten. Mit Fackeln und lautem Geschrei scheuchten sie den Löwen zurück in den Käfig.

Wenn Ludwig mit Elisabeth redete, nannte er sie – wie er es bereits als Kind getan hatte – zärtlich „liebe Schwester", und sie nannte ihn mit der gleichen Zärtlichkeit „Bruder". Den Neidern am Hof war die Zuneigung zwischen den beiden ein Ärgernis. Selbst als sich Elisabeth vom prunksüchtigen Adel abwandte und zur Schutzfrau der Armen und Gebrechlichen wurde, half ihr der Landgraf. Einmal hatte sie Mitleid mit einem Bettler, dessen Kopf durch Geschwüre verunstaltet war. Sie bestellte den Kranken in den Obstgarten, wo sie sich unbeobachtet fühlte. Dort wusch sie ihm die Haare und säuberte die eitrigen Wunden. Während sie noch den Kopf des Bettlers im Schoß hielt, wurde sie von ihren Hofdamen überrascht und getadelt. Doch Elisabeth blieb gelassen. Sie wusste, dass sie auf die Unterstützung durch den Fürsten zählen konnte.

Ludwig hatte schon viele Prüfungen seiner Liebe bestanden. Aber die größte Prüfung wartete noch auf ihn. Eines Tages warf sich ein Aussätziger Elisabeth in den Weg. Flehentlich bat er um Hilfe. Sein faulendes Fleisch roch so entsetzlich, dass ihn die Menschen bereits von weitem mieden. Auch Elisabeth musste sich überwinden, bevor sie den Aussätzigen mit sich nahm und in einem Zuber badete. Dann setzte sie ihm die besten Speisen vor. Anschließend durfte er sich im Ehebett niederlegen. Als der Landgraf davon erfuhr, war er bestürzt. Warum tat sie so etwas Ungeheuerliches? Er

konnte es nicht glauben und eilte in das Schlafgemach. Dort schlug er zornig die Decke des Bettes zurück. Aber zu seiner Bestürzung entdeckte er anstelle des Aussätzigen Christus, den Gekreuzigten. Da sank Ludwig auf die Knie. Unter Tränen bat er seine Frau um Verzeihung.

Jetzt ließ er Elisabeth erst recht gewähren. Sogar ihr sonderbares Verhalten bei den großen Festessen billigte er. Im ganzen Land sprach sich dieses Verhalten herum. Damals pflegte der Hof von einem Adelssitz zum anderen zu ziehen. Die Burgherren mussten Ludwig und sein Gefolge unterbringen und bewirten. Viele der Herren waren jedoch Bauernschinder. Rücksichtslos nahmen sie ihren Untertanen die Ernte weg, ließen ihnen nicht einmal das Nötigste, damit sie mit ihren Familien über den Winter kamen. Elisabeth wurde Zeugin dieses Unrechts. Sie wusste, dass sie es nicht zu ändern vermochte, dafür war der Adel viel zu mächtig. Aber sie wollte wenigstens zeigen, was sie von den Unterdrückern hielt. Fortan weigerte sie sich, etwas zu essen, das den Bauern abgepresst worden war. Lieber saß sie hungrig am Tisch und ertrug die bösen Blicke der Gastgeber.

Elisabeth und Ludwig blieb nur wenig Zeit füreinander. Bald nach ihrer Hochzeit brach der Landgraf in die Lombardei auf, weil ihn Kaiser Friedrich zu sich befohlen hatte. Es dauerte lange, bis er von dieser Reise wieder zurückkehrte. Währenddessen suchte ganz Deutschland eine Hungersnot heim, die unzählige Menschen dahinraffte. Elisabeth litt mit den Hungernden. Sie öffnete die Kornkammern des Fürsten und verteilte die ganze Jahresernte. Selbst ihren Schmuck und ihre kostbaren Gewänder verkaufte sie.

Damals stand am Fuße der Wartburg ein Haus, das dem Landgrafen gehörte. Dort brachte Elisabeth die Kranken und die hilflosen Alten unter. Obwohl der Abstieg von der Wartburg mühselig war und noch viel mühseliger der Aufstieg, besuchte sie die Insassen des Spitals zweimal am Tag.

Sie aß mit ihnen aus dem selben Topf, bettete und wusch sie und trug sie sogar auf dem Rücken, wenn sie nicht mehr gehen konnten. Auch die aussätzigen Kinder warteten sehnsüchtig auf ihre Mutter, so nannten sie Elisabeth. Diese brachte ihnen jedes Mal bunte Töpfe, Glasringe und andere Spielsachen mit. Denn die Kleinen, die mitten im Elend lebten, sollten darüber nicht das Lachen verlernen...

Bis zur nächsten Ernte versorgte Elisabeth die Hungrigen mit Nahrung und allem Notwendigen für ihr Leben. Als dann endlich das neue Korn reif war, schickte sie die arbeitsfähigen Frauen und Männer zur Ernte. Von den Verwaltern erhielten die Helfer Kittel, damit sie sich gegen die Sonne schützen konnten, und festes Schuhwerk, sonst hätten sie sich an den Stoppeln verletzt. Außerdem wurden ihnen die Sicheln geschenkt, mit denen sie die Halme schnitten. So sorgte Elisabeth dafür, dass die Armen nach vielen Monaten erstmals wieder Arbeit fanden und zu Geld kamen. Selbst die Geringsten der Geringen trugen jetzt Schuhe. Nur die Fürstin ging weiterhin mit bloßen Füßen, wie sie es gewohnt war. Kopfschüttelnd erinnerten sich die Vornehmen des Landes daran, dass Elisabeth jedes Mal nach einer Geburt ihr Kind barfüßig und in einem geflickten Rock zur Taufe in der Kirche getragen hatte. Hinter ihr, in gemessenem Abstand, waren die adligen Damen und Herren geschritten. Ein prachtvoller Zug, der einer Bettlerin folgte...

Als der Landgraf endlich heimkehrte aus der Lombardei, wurde er mit Jubel empfangen. Elisabeth übertraf dabei alle an Fröhlichkeit. Lediglich die Wirtschafter sahen betrübt drein. „Deine Kornkammern sind leer", gestanden sie, „und das Geld das während deiner Abwesenheit hereinkam, hat die Fürstin mit vollen Händen wieder ausgegeben." Zu ihrer Überraschung nickte der Landgraf nur und sagte: „Lasst sie Gutes tun und für Gott geben, was sie mag."

So stahl sich kein Schatten in ihre Liebe, und keine Fremdheit entstand zwischen ihnen. Ihr Glück hätte noch lange anhalten können. Doch dann entdeckte Elisabeth eines Tages ein Kreuz in der Manteltasche des Landgrafen. Dieses Kreuz trugen alle, die in das Morgenland aufbrechen und die heiligen Stätten zurückerobern wollten. Wie von einem Blitz wurde Elisabeth getroffen. Sie stand auch noch starr und stumm, als Ludwig seinen Getreuen ein Abschiedsfest gab. Über die Grenzen Thüringens hinaus folgte sie ihrem Mann, begleitete ihn eine Tagesreise, eine zweite und noch ein dritte, so unendlich schwer fiel ihr die Trennung.

Vielleicht ahnte sie auch, dass sie Ludwig nicht mehr sehen würde. Der Landgraf starb in Otranto, noch bevor sich die Kreuzritter einschifften. Er erlag einem Fieber, das ihn mit plötzlicher Heftigkeit angefallen hatte. Sogleich eilten die Boten nach Thüringen zurück. Sie überbrachten die traurige Nachricht der Mutter des Verstorbenen, Landgräfin Sofia. Gemeinsam mit ein paar älteren Frauen suchte diese Elisabeth auf.

Nachdem sie Platz genommen hatte, sagte sie zu ihrer Schwiegertochter: „Du musst jetzt stark sein, denn deinem Mann ist etwas zugestoßen." – „Wenn er gefangen genommen wurde", versetzte Elisabeth gelassen, „wird er durch Gottes Hilfe wieder frei kommen." – „Nein, er ist gestorben", entgegnete Sofia und begann zu weinen. Da faltete Elisabeth die Hände über den Knien. „Gestorben", wiederholte sie mit tonloser Stimme und fügte nach einer Weile hinzu: „Dann ist auch mir die Welt gestorben und alles, was sie mir noch bieten kann." Plötzlich stand sie auf. Taumelnd, wie von Sinnen, lief sie durch den Saal und gegen die Wand. Für einen Augenblick schien es, als würden sogar die Steine vor ihrem übergroßen Schmerz zurückweichen.

Bald nach der Kunde vom Tod des Landgrafen wurde Elisabeth aus der Wartburg vertrieben. Jetzt endlich konnten sich die adligen Herren gefahrlos an ihr rächen, denn Ludwigs Bruder war noch jung und auf seine Ratgeber angewiesen. Die erste Nacht außerhalb der Burg verbrachte Elisabeth bei einem Schankwirt. Sie schlief in einem Raum, der zuvor den Schweinen als Stall gedient hatte. Draußen pfiff ein bitterkalter Wind. Vergeblich versuchte Elisabeth ihre Kinder in dieser Nacht zu wärmen. Sie konnte nicht einmal etwas zum Essen für sie auftreiben. Deshalb musste sie die beiden Töchter und den Sohn schweren Herzens in fremde Hände geben. Von Eisenach ging sie nach Marburg. Auch dort machten ihr die Verwandten und die adligen Familien das Leben schwer. In einem verfallenen Hof bezog sie einen Raum unter der Treppe, durch den der Rauch des Herdfeuers zog. Schließlich wurde ihr ein Lehmhäuschen zugewiesen. Einmal, als sich Elisabeth in ihrer Not nicht mehr zu helfen wusste, sagte sie bitter: „Ich würde den Menschen so gerne danken, aber wofür?"

Bis in das ferne Ungarn sprach sich herum, wie armselig Elisabeth ihr Leben fristete. Der Vater sandte deshalb einen Grafen mit großem Gefolge nach Thüringen. Als Paviam, so hieß der Graf, die Königstochter besuchte, saß sie gerade am Spinnrad. Von dem geringen Lohn, den sie für die Wolle bekam, musste sie alles kaufen, was sie brauchte. „Noch nie hat eine Prinzessin am Spinnrad gearbeitet!" rief der Graf verwundert aus. Dann erblickte er das zerrissene, mit vielen Flicken ausgebesserte Kleid der Fürstin und erschrak. Vergeblich beschwor er Elisabeth, doch mit ihm in die Heimat zurückzukehren. Sie weigerte sich hartnäckig. Weit weg, in Apulien, gab es einen Diener Gottes, der Franziskus hieß. Elisabeth hatte von ihm gehört. Wie dieser kleine Mönch, der nichts sein Eigen nannte, wollte auch sie leben.

Nach mühsamen Verhandlungen erhielt die Landgräfin schließlich einen erheblichen Betrag als Witwengut. Davon kaufte sie einen Bauernhof, der außerhalb von Marburg lag, und verwandelte ihn in ein Spital. Dann holte sie die Bedürftigen der ganzen Umgebung zusammen. Die Leute nahmen Platz, und Elisabeth ging zwischen ihnen umher und bediente sie.

An diesem Tag verteilte die Heilige viel Geld. Nach dem Weggang der Armen, die noch kräftig waren, blieben beim Anbruch der Nacht zahlreiche Kranke und Schwache am Zaun des Spitals und in den Winkeln des Hofes liegen. Als Elisabeth im Mondschein diese Menschen sah, gab sie jedem noch einmal Geld, auch den Kindern. Darauf ließ sie Brote herbeischaffen, die den Leuten ausgehändigt wurden, und rief: „Wir wollen unser Glück vollkommen machen. Zündet Feuer an, damit es uns warm wird."

Außerdem wusch Elisabeth den Ärmsten unter den Armen die Füße und salbte sie. Da fühlten sich die Ausgestoßenen wohl. Sie fingen an zu lachen und zu singen. Ihre Lieder tönten durch die Nacht. Elisabeth aber freute sich mit den Fröhlichen.

Wie ein Bär nach Rom pilgerte
(Korbinian / 20. November)

Bischof Korbinian bewohnte eine Zelle, die er sich bei der Kirche des heiligen Germanus erbaut hatte. Ein paar Gefährten waren seinem Beispiel gefolgt und lebten so einfach wie er. Sieben Jahre verbrachte Korbinian fernab von allen Dörfern und Städten. Trotzdem wuchs mit jedem Jahr der Andrang der Besucher. Alle wollten seinen Rat einholen. Bei dem Trubel, der schon am frühen Morgen begann und bis zum Sonnenuntergang anhielt, zitterte und schwankte seine Zelle wie ein winziges Schiff im Sturm. Korbinian litt unter der Unruhe. Als er die Geschäftigkeit und den ständigen Lärm ringsum nicht mehr ertrug, entschloss er sich, nach Rom zu pilgern. Der Papst, so hoffte er, würde ihn von der Last des Bischofsamtes befreien und dorthin entsenden, wo es noch still war.

Korbinian mied die vielbegangene Straße, die von Gallien nach Oberitalien und weiter in die Stadt der Apostel Petrus und Paulus führte. Lieber wählte er einen großen Umweg. So kam er durch das Schwabenland und das Land der Bayern. Es dauerte viele Wochen, bis er die Berge der Alpen mit ihren zerklüfteten Felsen erblickte. Nach einiger Zeit verließ er das Inntal. Höher und höher folgten ihm seine Begleiter. Sie waren froh, dass ihre Pferde auf den steilen Passwegen nicht scheuten. Manchmal polterten Steine in die Tiefe. Dann antwortete das Echo mit Verzögerung, und ein paar Vögel stoben schreiend davon in die wolkenlose Ferne.

An einem dieser Tage hatte der lange Anstieg die Pilger besonders ermüdet. Als Korbinian einen geschützten Platz am Waldrand entdeckte, ließ er halten und legte sich mit seinen Gefährten zur Nachtruhe nieder. Nichts schien ihren Frieden zu stören. Deshalb wurden auch die Hüter der Pferde sorglos und nickten ein. Während der ganzen Zeit hatte ein Bär die Pilgergruppe beobachtet. Er wartete, bis auch noch das letzte der fremden Geräusche verstummt war. Jetzt konnte er endlich sein Versteck verlassen und ein Lastpferd anfallen, das abseits von den anderen Pferden weidete.

Der Tag hatte bereits begonnen, als sich die Hüter den Schlaf aus den Augen rieben. Da entdeckten sie den Bären, der immer noch über der Beute kauerte und an ihr zerrte und riss. In seiner Gier hatte er alle Vorsicht vergessen. Anseric, ein treuer Gefolgsmann Korbinians, weckte eilends den Bischof. Doch der ließ sich von der Aufregung der Männer nicht anstecken. Stattdessen griff er nach seiner Peitsche und gab sie dem Diener. „Geh zu dem Bären", sagte er. „Ich will, dass du ihn bestrafst, weil er uns Schaden zugefügt hat."

Anseric war mutiger als alle anderen. Trotzdem nahm er die Peitsche nur zögernd entgegen. Seine Augen verrieten, wie sehr ihn das Ansinnen des Bischofs erschreckte. Korbinian blieb dies nicht verborgen. „Warum fürchtest du dich?" fragte er vorwurfsvoll. „Tu, was ich dir gesagt habe! Dann schnalle dem Bären ein Traggestell um und belade ihn mit dem Gepäck seines Opfers."

Da zauderte Anseric nicht länger. Er näherte sich dem gewaltigen Tier, das überrascht aufblickte, und schlug es mit der Peitsche. Anschließend lud er ihm, so gut er konnte, die schweren Ledersäcke auf, in denen der Proviant sicher verwahrt war. Der Bär fügte sich ohne Widerstand. Leise brummend trottete er hinter Korbinian und seinen Begleitern her, als wäre er schon immer im Tross des Bischofs mitgelaufen.

Wohin sie auch kamen, wunderten sich die Leute. Ängstlich hielten sie Abstand von dem Braunpelz. Doch der kümmerte sich nicht um sie. Selbst die kläffenden Hunde am Wegrand schienen ihn nicht zu stören. Unbeirrt folgte er den Reitern.

Kurz bevor sie Rom erreichten, entließ ihn der Heilige. Eine Zeitlang verharrte der Bär, bevor er sich endgültig trollte. Dabei wirkte er etwas tapsig und schwankte unsicher, weil er sich erst wieder daran gewöhnen musste, dass er kein Gepäck mehr trug.

Der Papst in Rom empfing den Bischof mit großer Freundlichkeit. Geduldig hörte er Korbinians Klage an. Am Ende aber sagte er: „Dein Platz ist bei den Menschen. Geh wieder zurück und kümmere dich um sie."

Dabei dachte der Papst: „Was nützt den Ratsuchenden ein Bischof, der sich in der Einsamkeit versteckt?"

Die kluge Prinzessin
(Katharina / 25. November)

Katharina war die Tochter eines Königs, der aber schon lange abgedankt hatte. An seiner Stelle herrschten die Römer. Überall im Lande galten ihre Gesetze, und die Soldaten der Römer sorgten dafür, dass sie auch eingehalten wurden. Weil es nichts mehr zu tun gab für den König, zog er mit seiner Tochter Katharina nach Alexandrien. Dort bewohnte er mitten in der Stadt einen prächtigen, weitläufigen Palast. Obwohl er auf die Herrscherwürde verzichtet hatte, nannten ihn die Menschen in Alexandrien immer noch König, und wenn seine Tochter in einer Sänfte durch die Straßen getragen wurde, flüsterten sie einander ehrfürchtig zu: „Das ist die schöne Prinzessin."

In der ganzen Stadt, sogar in der Provinz, hatte sich die Schönheit von Katharina herumgesprochen. Dabei ließ sich die Prinzessin nur selten außerhalb des Palastes blicken Doch je verborgener sie lebte, umso heller erstrahlte ihr Ruf. Damals erhielten Mädchen keinerlei Ausbildung. Das galt selbst für die Töchter vornehmer Familien. Katharina aber wurde von berühmten Gelehrten unterrichtet. Bald wussten diese Gelehrten nicht mehr, was sie ihr noch beibringen sollten. Neugierig hatte sich Katharina in die Bücher der Weisen vertieft. Sie kannte die Sternbilder, die Geheimnisse der Natur und die Welt der Zahlen. Kaum etwas blieb verborgen vor ihr.

Alexandrien war in jener Zeit eine Weltstadt. Durch die breiten Straßen strömten Bürger aus allen Provinzen des Römischen Reiches, und im Hafen, dessen Molen weit in das Meer hinausreichten, ankerten Schiffe mit kostbaren Frachten. Wo so viele Menschen zusammenkamen, konnte sich das Christentum unbemerkt verbreiten.

Zuerst bekannten sich nur die Tagelöhner und einfachen Handwerker zu dem neuen Glauben; dann ließen sich auch die wohlhabenden Händler und die Mächtigen der Stadt taufen. Katharina hatte durch ihre Hauslehrer vom Christentum erfahren. Wissbegierig schlug sie die heiligen Schriften auf. Je länger sie darin las, umso mehr fühlte sie sich Jesus verbunden. „Ich will ihm gehören", dachte sie manchmal, „mein ganzes Leben soll ihm gehören".

Damals kam auch der Kaiser Maxentius nach Alexandrien. Mit wachsender Sorge beobachtete er, dass sich Konstantin, der andere Kaiser im Westen des Reiches, offen dem Christentum zuwandte. Maxentius verband sein Glück lieber mit den alten römischen Göttern. Er wollte den Glauben an sie stärken. Deshalb ordnete er an, dass die Bewohner von Alexandrien die Götterbilder in den Tempeln verehren sollten. Sein Erlass wurde auf allen Plätzen der Stadt verkündet. Erschrocken hörten die Christen zu. Sie wussten: Wenn sie sich dem Befehl des Kaisers widersetzten, büßten sie ihr Leben ein. Viele von ihnen entpuppten sich jetzt als schwach und verleugneten lieber ihren Glauben. Hastig, mit gesenktem Kopf, knieten sie nieder vor den Marmorstatuen, die selbst noch in der heißen Sonne kalt und abweisend wirkten.

Die standhaften Christen aber wurden gepeinigt und gemartert. Ganz zuletzt, wenn sie trotz aller Qualen nicht von ihrem Glauben abfielen, ließ der Kaiser im Circus wilde Tiere auf sie hetzen. Manchmal beteten sie noch, während die ausgehungerten Löwen bereits über sie herfielen. Dann verstummte das Grölen der aufgeputschten Zuschauer, und ein kurzes Erschrecken, das gleich wieder verschwand, bemächtigte sich der Arena. Katharina hatte von den furchtbaren Ereignissen gehört. Sie sah die Angst in den Augen ihrer Dienstboten, und sie spürte, wie diese Angst die ganze Stadt lähmte. Kurzentschlossen zog sie ihr schönstes Kleid an. Als ihr die Dienerin auch noch ein funkelndes Geschmeide reichen wollte, schüttelte sie den Kopf und wählte stattdessen eine einfache Kette, an der ein Kreuz hing. Schließlich sollte der Kaiser sofort erkennen, dass er es mit einer Christin zu tun hatte...

Eine fremde Prinzessin, die den Herrscher zu sprechen wünschte – das war nicht vorgesehen am Kaiserhof. Aber Katharina erschien mit ihrem ganzen Gefolge, und die Wachen wagten es nicht, sie zurückzuweisen. Sie eilte in den Thronsaal, der einem summenden Bienenkorb glich. Sobald sie den Raum betrat, wurde es jedoch schlagartig still. Nie zuvor hatten die Ratgeber des Herrschers und die vielen Höflinge so eine schöne junge Frau gesehen. Auch der Kaiser ließ seine Blicke nicht von Katharina. „Was führt dich zu mir?" fragte er höflich und bot ihr einen Platz an seiner Seite an. Doch Katharina tat so, als hätte sie die Einladung nicht bemerkt. Sie blieb lieber stehen.

„Ich verneige mich vor dir, o großer und gewaltiger Kaiser", sagte sie. „Meine Achtung ist dir sicher, auch meine Verehrung. Trotzdem werde ich dich nie wie einen Gott anbeten. Deine Götter sind für mich nur Statuen aus Stein, geschaffen von Menschenhand.

Sie hören dich nicht, wenn du sie rufst; sie trösten dich nicht, wenn du traurig bist, und sie retten dich nicht, wenn dir Gefahr droht."

Erstaunt zog Maxentius die Augenbrauen hoch. „Und wer ist dein Gott?" fragte er mit einem Blick auf ihr Kreuz. „Dieser Gott muss ein ganz besonderer sein." Katharina hütete sich, auf seinen spöttischen Tonfall einzugehen. Leise antwortete sie: „Mein Gott hat Himmel und Erde erschaffen, den Tag und die Nacht, das Meer und das Land. Er schenkt uns das Leben, und er nimmt es uns wieder." – „Woher weißt du, dass dein Gott so mächtig ist?" brauste der Kaiser jäh auf. Für einen Augenblick hatte er seine Würde und sein

Amt vergessen. „Lass mich mit deinen Gelehrten in Alexandrien reden", entgegnete Katharina stolz. „Wenn ich sie von meinem Glauben überzeugen kann, bitte ich dich, alle Christen freizulassen. Nie mehr sollen sie dann den Tieren im Circus vorgeworfen werden."

Da blitzten die Augen des Kaisers, und ein seltsames Lächeln glitt über sein Gesicht. Katharina, die schöne Prinzessin, gefiel ihm. Keine andere Frau am Hof konnte sich mit ihr vergleichen. Zornig sah sie den Herrscher an, aber Maxentius hielt ihrem Blick nicht stand. „Ich muss unbedingt den Stolz der Prinzessin brechen", dachte er und sagte wieder mit diesem Lächeln: „Morgen ist ein neuer Tag. Dann erwarte ich dich noch einmal. Ich werde fünfzig gelehrte Männer zusammenrufen, die mit dir ein Streitgespräch führen sollen." Kaum war Katharina gegangen, schickte er auch schon seine Höflinge aus. Sie lockten die Weisen und Klugen von Alexandrien mit einer fürstlichen Belohnung. „Das ist leicht verdientes Geld", sagten sie. „Ihr müsst nur eine junge, törichte Frau in die Schranken weisen."

Doch die junge Frau gab sich nicht so rasch geschlagen, wie es sich die Gelehrten erhofft hatten. Vergeblich rühmten diese am nächsten Morgen die Verdienste ihrer steinernen Götter, die seit Jahrhunderten über das römische Volk wachten. Auf allen Kriegszügen, bei allen Eroberungen waren sie dabei gewesen, und in jedem Tempel des Reiches wurden ihnen Opfer dargebracht. Jetzt stellte ein Mädchen, wenn auch eine Prinzessin, diese Götter in Frage. Selbstbewusst tat sie das; stundenlang, ja einen ganzen Tag hielt sie bereits den Weisen stand. Immer häufiger verstummten die Männer.

Es war Abend geworden, als auch ihr wortgewaltiger Anführer kleinlaut wurde und nicht mehr wusste, womit er seine Götter noch verteidigen sollte. Hilfesuchend wandte er sich an Maxentius, der in plötzlicher Wut aufsprang. „Errichtet einen Scheiterhaufen! Verbrennt diese Versager!" tobte er. Seine Stimme überschlug sich dabei. Während die Gelehrten, einer nach dem anderen, gebunden und hinausgeführt wurden, flehten sie ihre Gegnerin an: „Bitte für uns bei deinem Gott."

Katharina wurde stumm vor Entsetzen, als sie von draußen das Knistern des Holzes hörte. Wie ein gewaltiger Wind rauschten die Flammen auf und schlugen gegen den Himmel. Immer wieder gellten die Schreie der Gelehrten aus dem Scheiterhaufen. „Auch für euch gibt es ein Leben nach dem Tod", flüsterte Katharina. Nur den Kaiser schien das furchtbare Geschehen vor dem Palast nicht zu berühren. „Du bist schön", lächelte er und legte einen Arm um die Prinzessin. „Lass ab von deinem Glauben. Dann mache ich dich zur Herrscherin an meiner Seite. Das ganze Volk wird sich vor dir wie vor einer Göttin verneigen." – „Das will ich nicht", fuhr Katharina erschrocken zurück. Ganz kalt war ihr geworden. Lauter als sonst, viel zu laut, sagte sie: „Ich gehöre Jesus und keinem anderen."

Da lief das Gesicht von Maxentius feuerrot an. Noch nie hatte er so eine Abfuhr erhalten. Er ballte die Fäuste, er platzte fast. „Du stehst vor dem Kaiser", zischte er. „Ich kann deine Schönheit zerstören. Wie ein Spielzeug kann ich dich zertreten und wegwerfen." Höhnisch befahl er seinen Soldaten, Katharina die Kleider vom Leib zu reißen und die Nackte auszupeitschen. Maxentius sah dabei regungslos zu. Anschließend wurde die Prinzessin in einen fensterlosen Kerker geschleppt. „Zwölf Tage sind eine lange Zeit. Dann komme ich wieder", rief der Kaiser hinter ihr her. Den Wachen aber schärfte er ein, Katharina bis dahin hungern zu lassen. Nichts, gar nichts sollte sie in den zwölf Tagen bekommen.

Während dieser Zeit verließ Maxentius die Stadt und besuchte seine Truppen in der Provinz. Als er zurückkehrte, führte sein erster Weg zu Katharina. Sie war schmal geworden im Kerker, und ihre Augen lagen tief in den Höhlen. Nur mühsam erhob sie sich. Eine merkwürdige Helligkeit ging von ihrer Gestalt aus: wie ein geheimnisvolles Licht, das sie umhüllte und beschützte. Noch einmal, ein letztes Mal, beschwor sie der Kaiser. „Du sollst neben mir auf dem Thron sitzen", sagte er. „Ich schenke dir glänzende Ringe und funkelnde Ketten, alle Herrlichkeit der Erde wartet auf dich." – „Was ist das schon gegen die Herrlichkeit Gottes?" gab Katharina zur Antwort. Ihre Stimme zitterte kein bisschen. Diese Selbstsicherheit, diese Unerschrockenheit brachte Maxentius aus der Fassung. Sein Zorn kannte keine Grenzen mehr.

Er ließ zwei Sichelwagen bauen, deren Messer sich gegeneinander drehten. Aber bevor die Prinzessin auf die Messer gebunden werden konnte, fuhr an einem hellen, wolkenlosen Tag ein Blitz in die Wagen und verbrannte sie. Nicht einmal die rauchenden Trümmer brachten Maxentius zur Einsicht. Wütend befahl er, Katharina zu enthaupten. Rasch sollte es gehen, möglichst rasch, damit kein neues, unvorhergesehenes Ereignis dazwischen kam. Oder war das vielleicht doch ein Wunder gewesen?

Katharina starb voller Vertrauen. Sie hatte die Gelehrten und den Kaiser besiegt. Jetzt wartete der Himmel auf sie.

Der Turm
(Barbara / 4. Dezember)

Vor langer, langer Zeit gehörte Nikomedien, das sich heute Izmit nennt, zum römischen Reich. Damals lebte ein wohlhabender Kaufmann in Nikomedien. Er handelte mit wertvollen Stoffen und musste weite Reisen unternehmen. Die Frau des Kaufmanns starb sehr früh. Sie hinterließ ihm eine Tochter, an der er mit zärtlicher Liebe hing. „Ich will gut Acht geben auf mein Kind", versprach er den Göttern. „Es soll sich bei mir glücklich fühlen und unbeschwert leben."

Die Tochter des Kaufmannes wuchs heran. Aus dem Mädchen, das Barbara hieß, wurde eine junge, schöne Frau. Das erfüllte ihren Vater mit Stolz, aber auch mit Sorge. Misstrauisch beobachtete er die Männer, die Barbara auf der Straße bewundernde Blicke zuwarfen. Immer häufiger kam es vor, dass ihn dann ein jäher Schmerz durchfuhr. „Sie ist meine Tochter", dachte er in solchen Augenblicken, „sie gehört mir und keinem anderen."

Deshalb war er froh, als Barbara eines Tages mit einem Wunsch an ihn herantrat. „Unser Haus ist fast so groß wie der Palast des kaiserlichen Statthalters", sagte sie. „Die leeren Zimmer in diesem Haus bedrücken mich. Auch der Turm steht unbewohnt. Lass mich unter sein Dach ziehen." Barbara schwieg einen Augenblick. Dann fügte sie leise hinzu: „Dort oben ist der Lärm der Stadt erträglicher als hier unten, und ich bin dem Himmel ein Stück näher."

Während sie noch redete, hatte der Kaufmann bereits die Dienerschaft herbeigewunken. Je länger er über den Wunsch von Barbara nachdachte, umso besser gefiel er ihm. Hinter den dicken Mauern des Turmes war seine Tochter sicher vor allen Gefahren der Welt. Niemand konnte ihr dann schöne Augen machen, und niemand käme auf den Gedanken, sie zu entführen...

Ohne Zögern ließ der Kaufmann die halb verfallenen Gemächer herrichten. Als es soweit war, bezog Barbara ihre neue Heimat. Stundenlang stand sie an den beiden Fenstern des Turmes, die sich nach Westen öffneten. Ihr Blick ging weit über die Stadt und das umliegende Land. Sie sah den Wolken zu, die immerfort in Bewegung waren, und sie wurde, obwohl sie sich dagegen wehrte, jeden Abend traurig, wenn die Sonne von ihr Abschied nahm.

Eines Tages musste der Kaufmann zu einer Handelsreise aufbrechen. Er wusste, dass viele Monate vergingen, bis er wieder heimkehrte. Deshalb wandte er sich an seine Tochter und bat sie: „Bleib bitte im Turm, solange ich nicht da bin. Das Gesinde wird sich um dich kümmern. Während meiner Abwesenheit bist du gut versorgt." So war es auch. Barbara genoss das ruhige, gleichmäßige Leben im Turm. Sie konnte ungestört nachdenken. Wenn sie aber das Bedürfnis nach Geselligkeit hatte, rief sie die Diener und unterhielt sich mit ihnen.

Ohne es zu merken, wuchs dabei ihre Neugierde. Barbara begann sich für die Welt außerhalb des Turmes zu interessieren. Sie wollte die Ängste und Sorgen, die Wünsche und Hoffnungen der Menschen kennen lernen. Bald entdeckte sie, dass ihre Diener einem fremden Meister anhingen. Jesus – so nannten sie ihn voll Zärtlichkeit. Er war wie ein Freund für sie, obwohl er doch mit seinem göttlichen Vater über Himmel und Erde herrschte. Sobald die Diener von ihrem Glauben erzählten, senkten sie die Stimmen und begannen zu flüstern, denn wer sich zu Jesus bekannte, musste dafür grausame Strafen erleiden.

Barbara spürte, dass die Anhänger des neuen Glaubens trotzdem glücklich lebten. Die Schrecken der Welt schienen ihnen nichts anzuhaben, auch nicht die Verfolgungen, vor denen niemand sicher sein konnte. „Wir vertrauen auf den heiligen Geist. Er schenkt uns Kraft", sagten sie manchmal, wenn Barbara nach ihrem Geheimnis fragte. Immer stärker zog es sie zu den Christen hin. Schließlich wurde sie in den Kreis der Eingeweihten aufgenommen.

Am Tag ihrer Taufe bestellte Barbara einen Handwerker, der ein drittes Fenster in den Turm brechen musste. Dieses Fenster ging nach Osten. Jetzt flutete das Licht schon am Morgen in ihr Zimmer und machte es so hell, dass kein Schatten, keine dunkle Ecke blieb. Wie ein Versprechen erschien Barbara die aufgehende Sonne. Sie dachte daran, dass auch Jesus mit dieser Sonne verglichen wurde, weil er die Nacht des Todes besiegt hatte und an einem Ostermorgen in Jerusalem auferstanden war.

Nach langer, sehr langer Zeit kam ihr Vater von seiner Reise zurück. Er freute sich darauf, dass er Barbara endlich wiedersehen durfte, und schlug sofort den Weg zum

Turm ein. Als er das Zimmer seiner Tochter betrat, bedeckte er die Augen, so stark schien die Sonne durch das dritte Fenster. „Was hast du gemacht?" rief er verwundert. „Wozu brauchst du dieses Fenster?"

Obwohl Barbara auf die Frage vorbereitet war, schien es ihr, als würde sie mit einer fremden Stimme antworten, und sie erschrak über ihren Mut. „Ich habe unseren Göttern abgeschworen. Vor dir steht eine Christin", sagte sie leise. „Diese Fenster erinnern mich jeden Tag an meinen Vater im Himmel, seinen Sohn Jesus Christus und den heiligen Geist. Deshalb die Dreizahl."

„Deshalb die Dreizahl", wiederholte ihr Vater. Für einen Augenblick war er gelähmt vor Überraschung. Sie hat sich einen anderen Vater gewählt, dachte er dann. Dieser Christengott drängt sich zwischen mich und meine Tochter! Plötzlich erfasste ihn ein Zorn, der wie eine Flamme in die Höhe schoss.

„Willst du mich unglücklich machen", herrschte er seine Tochter an. „In Rom werden die Christen den wilden Tieren vorgeworfen. Überall verfolgt man sie. Hast du keine Angst, dass es dir ähnlich ergehen könnte?" Als sie den Kopf schüttelte, verlor er endgültig die Fassung. Er begann so heftig zu schreien und zu toben, dass ihn seine Diener festhalten mussten.

Barbara nutzte die Verwirrung und floh. Nur mit der nötigsten Habe ausgerüstet, verließ sie die Stadt. Vor den Mauern wurde das Land unübersichtlich. Sie bahnte sich einen Weg durch wildes Gestrüpp und Disteln, bis sie am Ende eines Felsentales eine schmale Spalte entdeckte. Dort verbarg sie sich, während ihr Vater mit Hunden nach ihr suchen ließ. Aber es war, als hätten sich die Felsen hinter Barbara geschlossen.

Am anderen Tag verließ sie ihre Höhle und wanderte über die Berge, wo sie einen Hirten traf. Flehentlich bat sie ihn, alle Verfolger von ihr abzulenken und in eine falsche Richtung zu schicken. Barbara hatte freilich nicht an die Goldstücke des Vaters gedacht. Ihr Glanz blendete den Hirten und weckte seine Gier. Als er die Flüchtende verriet, wurde er zur Strafe in einen Stein verwandelt. Seine Herde aber flog wie ein Heuschreckenschwarm von der Weide auf. So jedenfalls erzählen es die alten Geschichten.

Längst war die Liebe des Vaters einem tödlichen Hass gewichen. Ich will nicht, dass meine Tochter dem Christengott gehört, dachte der Kaufmann. Er konnte nichts anderes mehr denken. Darum ließ er Barbara, kaum hatte er sie gefunden, in Ketten legen. So zerrte er sie vor den Statthalter des Kaisers. Dieser fühlte Mitleid mit dem Mädchen, dessen Schönheit ihn tief beeindruckte. „Wenn du unseren Göttern opferst", sagte er, „gebe ich dir die Freiheit zurück." – „Was für eine Freiheit?" antwortete Barbara und schaute den Statthalter herausfordernd an. „Sag mir doch: Warum soll ich zu Göttern beten, die aus Stein sind? Ihre Augen können nichts sehen, und ihre Ohren können nichts hören."

„Das ist nicht wahr", schrie der Statthalter. Für einen Augenblick hatte er daran gedacht, Barbara zur Frau zu nehmen, so begehrenswert war sie ihm erschienen. Aber jetzt glich er dem Kaufmann in seinem Zorn. Er rief die Folterknechte. Sie mussten Barbara auspeitschen, bis diese unter den Schlägen zusammenbrach; dann wurde sie in den Kerker geworfen. Während der Nacht träumte sie von einem tröstenden Licht. Es füllte die Zelle, und eine Stimme sprach zu ihr: „Hab' keine Angst, denn ich bin da."

Am anderen Morgen staunten die Schergen, als sie Barbara aus dem dunklen Verlies holten. Wie durch ein Wunder waren die blutigen Folterspuren auf ihrem Körper verheilt. Etwas Unnahbares, etwas Unverletzliches ging von ihr aus. Während sie zur Richtstätte geführt wurde, schien sie in Gedanken weit fort zu sein.

Der Statthalter hatte den Befehl gegeben, Barbara nackt auf einen Karren zu binden. Er wollte sie so dem Spott der Zuschauer ausliefern. Aber zur Verwunderung der Menschen, die sich zwischen den Häusern drängten, stieg plötzlich ein weißer, dichter Nebel auf und hüllte die Gefangene ein.

In den alten Geschichten wird berichtet, der Kaufmann hätte selbst das Schwert gegen seine Tochter gezogen und sie enthauptet. Als er von der Richtstätte nach Hause gekommen sei, habe ein blaues Feuer aus dem Himmel sein Anwesen mit dem Turm in Schutt und Asche gelegt. Auch der Kaufmann sei in diesem Feuer umgekommen.

Das Kornwunder
(Nikolaus / 6. Dezember)

Früher einmal war der Platz rund um den Ziehbrunnen der fröhlichste Platz in Myra gewesen. Hier trafen sich die Frauen. Sie trugen große, bauchige Krüge auf dem Kopf und redeten und lachten miteinander. Ihre Kinder spielten auf den Steinstufen des Brunnens oder jagten hinter den Tauben her und scheuchten die Hühner. Manchmal ritt ein Händler vorbei, der beladene Esel am Seil führte. Laut gackernd stob das Hühnervolk davon, wenn ihm ein Esel zu nahe kam.

Nikolaus liebte dieses fröhliche Durcheinander. Aber Myra, die kleine Stadt, hatte sich verändert und mit ihr der Platz um den Brunnen. Denn die Menschen warteten verzweifelt auf den Regen. Viele Wochen, ein ganzes Jahr warteten sie bereits. Sie schauten zum Himmel empor, dessen Blau fast durchsichtig war und von einem Ende der Welt zum anderen reichte. Umbarmherzig brannte die Sonne aus der wolkenlosen Höhe herunter.

Der Bischof erschrak über die verschlossenen Gesichter der Frauen. Es war still auf dem Platz: nicht einmal die Kinder sprangen umher, wie sie es früher getan hatten. Das Wasser des Brunnens schmeckte faulig. Immer häufiger kam es vor, dass leere Eimer hochgeholt wurden. In den Ställen hörte man das Vieh brüllen.

„Wer hilft uns?" fragte ein alter Mann. Er hatte sich in einen schwarzen Umhang gewickelt und saß auf der Treppe vor seinem Haus. Seine Hände strichen über ein Tongefäß, als wollten sie etwas zum Essen herbeizaubern. Der Bischof wandte sich ab. Er hatte keinen Trost für den Mann. Tag und Nacht betete er. Aber Gott blieb stumm.

In dünnen Schleiern wirbelte der Staub durch die Gassen der Stadt. Die trockenen Blätter der Bäume und das Gras raschelten bei jedem Windhauch. Zum ersten Mal in seinem Leben hatte Nikolaus die Hoffnung verloren. „Ich weiß nicht, wie es weitergehen soll", seufzte er. Seine Stimme klang bitter: „Das Korn ist am Halm verdorrt, und die Schafe und die Ziegen geben keine Milch mehr. Sogar das Meer versteckt seine Fische."

Dem Bischof wurde es schwarz vor den Augen. Wann hatte er zuletzt gegessen? Er lehnte sich an eine Mauer. In diesem Augenblick lief ein riesiger Hund an ihm vorbei. Das Tier, das struppig und ausgezehrt war, schlug den Weg zum Hafen ein. Dabei heulte es durchdringend wie ein Wolf. Sein Geheul schreckte die Bewohner von Myra auf. Überall öffneten sich die Türen, und immer mehr Menschen folgten dem Hund, als hätte er geheime Macht über sie.

Auch Nikolaus ging die Gasse hinunter, die sich zum Hafen öffnete. Erstaunt blieb er stehen. Vor der Hafenmauer hatte sich eine große Menschenmenge eingefunden. Der

Hund sprang in gewaltigen Sätzen am Wasser entlang. Erst jetzt entdeckte Nikolaus die Schiffe. Es waren drei Frachter. Sie ankerten weit draußen, wo sich die Mole aus den Wellen erhob. Dort draußen stand auch der Leuchtturm. Obwohl es taghell war, hatten die Wächter zur Begrüßung der Schiffe ein Feuer auf der Plattform des Turmes entfacht. Die Frachter zogen ihre Segel ein. Vom Deck des vordersten Schiffes wurde ein Boot heruntergelassen. Im Sonnenlicht blitzten Schwerter und Lanzen. „Sie haben Soldaten an Bord", rief ein kleines Mädchen. Der Vater des Mädchens strich ihm beruhigend über das Haar. „Vielleicht ist ihre Ladung so wertvoll, dass sie beschützt werden muss", sagte er.

Mit schnellen Schlägen trieben die Ruderer ihr Boot in das Hafenbecken. Ein Mann feuerte sie an, der eher einem Riesen glich. Er hatte mächtige Schultern, und über seinen Armen spannten sich Ringe aus Silber. Breitbeinig stand er im schaukelnden Boot. „Was gibt es auf eurem Markt?" schrie er zu den Neugierigen hinüber. „Wir brauchen Obst und frisches Gemüse."

Eine Weile blieb es still. Dann drängte sich eine Frau unter den Wartenden vor. „Bei uns kann man nichts mehr kaufen", sagte sie. „Die Sonne hat unsere Wiesen und Felder verbrannt. Seitdem hungern wir."

Der Mann im Boot war auf diese Antwort nicht gefasst. Sein Gesicht verfinsterte sich, und er wollte gerade den Befehl zur Umkehr geben, da trat der Bischof an die Hafenmauer. „Bist du der Kapitän der Schiffe?" erkundigte er sich. Als der Mann nickte, fragte Nikolaus weiter: „Wohin seid ihr unterwegs? Was habt ihr geladen?"

„Deine Neugierde ist groß", murrte der Kapitän. Nur widerwillig gab er Auskunft: „Wir segeln nach Konstantinopel. Dort sollen wir Korn für die Lagerhäuser des Kaisers abliefern."

Bei diesen Worten horchten die Bürger von Myra auf. Sie wurden unruhig und stießen und schoben einander. Jeder versuchte, mit Gewalt einen besseren Platz zu erringen. Erst als der Bischof seine Stimme erhob, kehrte wieder Ruhe ein. „Schenk' uns von deinem Korn", bat Nikolaus den Kapitän. „Dann mahlen wir Mehl und backen Brot, das unseren Hunger stillt. Schenk' uns so viel, dass wir auch die Felder neu ansäen können."

„Das Korn gehört dem Kaiser", erwiderte der Kapitän. „Wenn etwas fehlt, werde ich geschlagen und ins Gefängnis geworfen." – „Und wenn nichts fehlt, dann sterben wir den Hungertod", schrie eine Mutter gellend. „Es wird nichts fehlen", sagte Nikolaus. Er wandte sich an den Kapitän: „Ich bin der Bischof dieser Gemeinde und bitte dich: Sei barmherzig! Jedes Körnchen, das du verschenkst, gibt dir unser Herr Jesus Christus zurück!"

Eine Weile sahen sich die Männer schweigend an. Der Kapitän überlegte. „Jedes Körnchen?" fragte er. „Stimmt das wirklich?" Als der Bischof nickte, verkündete er laut: „Einverstanden! Ihr bekommt, was ihr wollt."

Da jubelten die Menschen. Sie waren so ausgelassen wie schon lange nicht mehr. Mit einer herrischen Bewegung verschaffte sich der Kapitän noch einmal Gehör. Er sprach jetzt hart, fast drohend: „Ich hoffe, dass der Bischof recht hat. Unsere Ladung darf nicht abnehmen. Sonst werde ich das Korn von euch zurückfordern, Sack für Sack."

Dann sprang er an Land. „Du bleibst bei mir", sagte er zu Nikolaus. „Wenn etwas schiefgeht, nehme ich dich mit nach Konstantinopel." Er winkte den Schiffen, die noch immer weit draußen bei der Mole warteten. Schwerfällig setzten sie sich in Bewegung. Ihre Bäuche lagen tief im Wasser. Es war windstill. Die breiten, aus mehreren Stücken zusammengenähten Segel wurden erst gar nicht gehisst. Statt dessen bewegten sich die Ruderer im Takt.

Nikolaus hörte das Geschrei der Aufseher und das Knallen der Peitschen. Unmittelbar vor der Hafenmauer drehten die Schiffe bei. Sie legten knirschend an.

Die Matrosen des größten Lastschiffes schoben eine Planke von der Bordwand zum Ufer hinunter. Nikolaus musste über den schwankenden Steg gehen. Der Kapitän folgte ihm. Er berichtete seinen Leuten, was sich ereignet hatte. Da schüttelten sie den Kopf und lachten. Die Soldaten schlugen höhnisch mit ihren Waffen auf die Schilde. Es dröhnte und rasselte.

Aber der Bischof achtete nicht darauf. Er sah nur das Korn, das aus den Ladeluken des Schiffes quoll. Goldgelb leuchtete es in der Sonne. „Wir brauchen dich", flüsterte er. „Wir brauchen dich so notwendig."

Jetzt durften auch die Männer von Myra an Bord. Sie füllten das Korn in Säcke und schleppten es an Land. Auf dem Hafenplatz stapelten sich die Säcke zu einem kleinen Berg, der von den Soldaten des Kaisers bewacht wurde. Mit ihren Lanzen hielten sie die Bewohner der Stadt fern. Nur der Hund, der die Schiffe entdeckt hatte, fürchtete sich nicht. Knurrend hockte er vor den Säcken, als wollte er verhindern, dass sie wieder zurückgetragen wurden.

Der Kapitän wanderte über das Deck. Er starrte auf die Ladeluken, aus denen das Korn rieselte. Es schien unerschöpflich zu sein. Ständig rutschte es nach. Die Männer keuchten und stöhnten. Sie gingen gebückt unter der Last der Säcke.

„Weiter", schrie der Kapitän, „arbeitet schneller". Er wartete ungeduldig. Schließlich ließ er eine Strickleiter auswerfen und kletterte die Bordwand hinunter. Aber der Rumpf des Schiffes, der mit Pech bestrichen war, lag noch immer tief im Wasser. Jeder konnte sich davon überzeugen: Die Ladung hatte sich nicht verringert...

„Das Schiff ist kein bisschen leichter geworden", sagte der Kapitän, als er sich wieder über die Bordwand schwang. Er war bestürzt. Wie ein Lauffeuer verbreitete sich die Kunde: „Gott hat ein Wunder getan."

Die Soldaten senkten ihre Lanzen, und die Menschen in Myra schauten fassungslos auf den Kornberg, der nun ihnen gehörte. Sie waren gerettet. Da fielen sie auf die Knie. Sie dankten dem Herrn. „Gepriesen seist du", betete Nikolaus.

Am liebsten hätte er getanzt. Tatsächlich, er streckte die Hände in den Himmel und begann zu tanzen.

Die blinde Tochter
(Ottilie / 13. Dezember)

Adalrich, der Herr von Hohenburg und Herzog im Elsass, wartete auf die Geburt seines ersten Kindes. So lange schon hatte er sich einen Jungen gewünscht. Mit jedem Tag freute er sich mehr darauf, dass ihm seine Frau nun endlich einen Stammhalter schenkte. Der harte, für seine Gewalttätigkeit berüchtigte Mann wurde ganz weich, wenn er daran dachte. Die Herzogin lag bereits in den Wehen, und er lief unruhig vor der Frauenkammer auf und ab. Drinnen herrschte ein geschäftiges Treiben. Hastig holten die Mägde Leintücher und einen Bottich mit warmem Wasser. Währenddessen hielt die Hebamme die Gebärende fest, die sich stöhnend aufbäumte. Dann, ganz plötzlich, setzte Stille ein.

Nach einer Weile, die ihm endlos erschien, hörte Adalrich ein klägliches Wimmern. Da wurde auch schon die Tür aufgerissen, und die Hebamme streckte ihm ein fest verpacktes und verschnürtes Bündel entgegen. „Es ist ein Mädchen", stotterte sie und deutete auf das kleine, rote Köpfchen mit dem leichten Flaum schwarzer Haare. „Ein Mädchen", wiederholte die Hebamme, als hätte sie nicht schon genug gesagt. Wie alle am Hof kannte auch sie den Herzenswunsch des Herzogs. Von einem Augenblick zum anderen war dieser Wunsch zerbrochen. Übrig blieb eine Enttäuschung, die sich tief hineinfraß in Adalrich...

Wortlos wandte sich der Herzog ab. In den Tagen und Wochen, die folgten, wurde sein Gesicht immer finsterer. Es dauerte eine Weile, bis ihm die Herzogin gestand, dass das Mädchen auch noch blind auf die Welt gekommen war. Mit offenen Augen schaute es und schaute doch nicht. Der Groll, der Adalrich umhergetrieben hatte, brach sich nun gewaltsam Bahn. „Ich will das Kind nicht", stieß er hervor, und seine Stimme klang noch rauer als sonst. „Ein blindes Kind ist eine Last, mehr noch: Es ist ein Verhängnis. Früher wurden diese Kinder in den Wäldern ausgesetzt. So soll es auch mit meiner Tochter geschehen."

Da half kein Wehklagen. Nicht einmal die Bitten der Herzogin konnten Adalrich umstimmen. Er blieb bei seinem Entschluss. In ihrer Verzweiflung vertraute die Herrin das Neugeborene der Amme an, die es heimlich wegbrachte. Ein volles Jahr behielt sie es in ihrer Hütte, dann fürchtete sie die Neugier der Nachbarn. Das Kind begann bereits zu laufen. Wie lange noch würde es sich einsperren lassen? Deshalb übergab sie ihren Schützling der Äbtissin in Palma. Diese kannte die Herzogin und erzog das Mädchen mit aller Sorgfalt und aller Liebe, deren sie fähig war. Manchmal, wenn sie das Kind in ihre Arme nahm, flüsterte sie tröstend: „Gott, der dich blind zur Welt kommen ließ, kann dich auch wieder sehend machen."

Weit im Osten, viele Tagesreisen entfernt von Palma, lebte der heilige Bischof Erhard. Eines Nachts träumte er schwer. Unruhig wälzte er sich auf seinem Lager und wusste nicht, wie ihm geschah. Plötzlich hörte er eine Stimme. „Komm an den Rhein nach Palma. Dort wächst ein ungetauftes Kind heran, das blind ist. Gib ihm in der Taufe den Namen Ottilie, dann wird es seine Augen weit öffnen und sehen", sagte die geheimnisvolle Stimme. Bischof Erhard folgte ihr noch in derselben Nacht. Mit wenigen Getreuen verließ er seine Bischofsstadt Regensburg und ritt an den Rhein. Das war eine beschwerliche Reise. Die alten, von den Römern erbauten Straßen brachen immer wieder ab. An ihrer Stelle führten schmale Saumpfade weiter, die ebenso jäh endeten. Ständig tauchten Wegelagerer auf. Sie ließen den Bischof erst weiterreiten, wenn er ihnen – obwohl widerstrebend – Schutzgeld zahlte. Nach vielen Schwierigkeiten traf er schließlich in Palma ein.

Als Bischof Erhard an die Pforte des Klosters klopfte, öffnete ihm die Äbtissin. Freundlich empfing sie den geistlichen Herrn und seine Gefolgsleute und bewirtete sie, wie es so hohen Gästen zukam. Erst danach ließ sie sich von dem Auftrag erzählen, der Erhard nach Palma geführt hatte. Am nächsten Morgen, in aller Frühe, holte sie die Tochter des Herzogs. Groß war das Mädchen geworden. In seinem blassen Gesicht schimmerten dunkle Augen. Aber sie blickten starr, wie tot.

Elf Jahre hatte die Tochter des Herzogs schon im Kloster verbracht. Jetzt kniete sie nieder vor dem Bischof, und er taufte sie auf den Namen, den er zum ersten Mal in seinem Traum gehört hatte: Ottilie – Glanz Gottes. Als Erhard die Augenlider des Mädchens salbte, schrie es verwundert und erschrocken auf.

Wie eine große, alles mitreißende Flut strömte plötzlich das helle Licht auf sie ein. "Was ist das?" schluchzte Ottilie, während die Tränen über ihr Gesicht liefen.

Nachdem Bischof Erhard seinen Auftrag erfüllt hatte, kehrte er wieder heim. Ottilie aber blieb in der Obhut der Klosterfrauen. Ruhig und still floss ihr Leben dahin. Nur manchmal befiel sie eine tiefe Traurigkeit. Dann musste sie an ihre Eltern denken, die sie aus den Erzählungen der Äbtissin kannte. Der Herzog hatte längst erfahren, wo sich seine Tochter aufhielt. Doch er wollte noch immer nichts wissen vor ihr. Inzwischen hatte er zwei Söhne bekommen. Der jüngere der beiden – er hieß Hugo – schrieb seiner Schwester regelmäßig und schickte ihr Geschenke, die sie an die Armen weitergab. Obwohl sich der Herzog beharrlich weigerte, Ottilie zu sehen, wurde sie von ihrem Bruder auf die Hohenburg eingeladen. Bestimmt, so dachte er, wird der Anblick der Tochter das harte Herz des Vaters rühren. Wenn er in ihre Augen schaut, kann er sie nicht mehr abweisen…

Sogar einen Wagen sandte Hugo der Schwester. Die bewaffneten Begleiter und der Kutscher sollten Ottilie nach Hause bringen. Schnaubend zogen die Pferde das Gefährt den steilen Waldweg zur Hohenburg hinauf. Es war ein heller, stiller Sommertag. Das Knallen der Peitsche brach sich an den Burgmauern, drang in die Stille ein. „Wer kommt da zu uns?" fragte Adalrich erstaunt seinen jüngsten Sohn. Der Herzog liebte keine Überraschungen und erst recht keine Geheimnisse. Ständig wollte er wissen, was um ihn herum geschah. Als Hugo sagte: „Das ist meine Schwester. Ich will Frieden stiften zwischen euch", verfärbte sich sein Gesicht. Auf einmal wurde dem Herzog kalt wie im tiefsten Winter.

Noch war er der Herr im Haus, noch gab es ihn. Wenn er jetzt schwieg, würde sein Wort bald nichts mehr gelten. Er hatte doch einen Stock, wuchtig lag er in seiner Hand. Warum schlug er nicht zu mit dem Stock? Warum strafte er den Ungehorsamen nicht? Schon holte er aus, traf Hugo an der Schläfe, traf ihn überall. Als Adalrich wieder zur Besinnung kam, war der Sohn aus dem Leben gestürzt. Wie hingeworfen krümmte er sich vor den Füßen des Herzogs: regungslos, tot.

An diesem Tag und in den Wochen danach ließ sich Adalrich nicht mehr blicken. Er schloss sich ein in seine Gemächer. Die Trauer über den Sohn mischte sich mit dem Zorn auf Ottilie. Von Anfang an hatte sie ihm Unglück gebracht. Der Herzog dachte an das quäkende, krebsrote Geschöpf in den Leintüchern. Unsicher, ängstlich war die

Hebamme einen Schritt zurückgetreten. Er hatte in das Gesicht des Kindes geschaut, in die Augen, über denen ein leichter, weißer Flor lag. Seitdem verfolgten ihn diese Augen, als wollten sie etwas von dem Vater, das er nicht geben konnte. Das er nicht geben wollte...

Auf Geheiß des Herzogs wurde Ottilie wie eine Magd gehalten. Sie musste die niedrigsten Dienste verrichten. Nicht einmal ihre Mutter durfte sie sehen. Das schmerzte sie mehr als jede Herabsetzung. Herzog Adalrich ging seiner Tochter wie einer Aussätzigen aus dem Weg. Niemand durfte in seiner Anwesenheit ihren Namen nennen. Dann, eines Tages, geschah das Unvermeidliche, das er so gerne vermieden hätte: Denn auf dem schmalen Weg am Fuße der Hohenburg kam ihm die Tochter entgegen.

„Was trägst du in deinem Korb?" wollte er mit barscher Stimme von ihr wissen, und sie antwortete: „Hafermehl für einen Kranken. Ich will ihm einen Brei zubereiten." Verwirrt schwieg der Herzog. Die Zeit rann dahin. Zum ersten Mal seit der Geburt der Tochter sah er Ottilie an, und sie blickte zurück, ohne Vorwurf, fragend und offen. Waren es ihre Augen, die ihn mild stimmten, oder war es ihre klare, ganz und gar nicht ängstliche Stimme? Nach einer Weile stieg Adalrich vom Pferd und kniete nieder vor der Tochter. „Vergib mir", flüsterte er. Plötzlich schüttelte es den großen, harten Mann. Widerstandslos ließ er es geschehen, dass Ottilie ihren Bauernkittel zur Hilfe nahm, um die Tränen aus seinem Gesicht zu wischen.

Bald darauf schenkte der Herzog seiner Tochter den Stammsitz der Familie mit allen Gütern und Einkünften und zog in das nahegelegene Raetien zum älteren Sohn, der ihm geblieben war. Ottilie aber verwandelte die Hohenburg in ein Kloster. Auch ihre Mutter und drei Töchter ihres Bruders traten in dieses Kloster ein. Sie lebten bescheiden wie die Bauern und Tagelöhner ringsum. Das Bett von Ottilie war ein altes Bärenfell, ihr Kopfkissen ein Stein. Jeder Hilfsbedürftige, der zu den Schwestern hochstieg, wurde freundlich empfangen.

Freilich, für viele Kranke war der Weg auf die Hohenburg zu steil. Deshalb ließ Ottilie am Fuße des Berges ein Spital erbauen. Dort diente sie mit ihren Schwestern den Ärmsten der Armen. Einmal, als die Heilige an einem heißen Tag das Spital besuchen wollte, traf sie einen Aussätzigen, der schon lange nichts mehr getrunken hatte. Sein Körper war ganz ausgetrocknet. Mühsam schleppte sich der Aussätzige vorwärts, bis er schließlich vor der Heiligen mit einem Wehlaut zusammenbrach.

Ottilie beugte sich zu ihm hinunter und fühlte seinen Puls. „Bitte, Gott hilf mir", flehte sie. „Ich habe kein Wasser für diesen armen Menschen. Wenn du mir nicht hilfst, muss er sterben." Kaum hatte sie zu Ende gesprochen, da öffnete sich ein Spalt in einem nahegelegenen Fels, und eine frische Quelle sprudelte hervor. Fröhlich hüpfte das Wasser über die Steine.

Bis heute fließt diese Quelle. Sie erinnert an Ottilie, die Blindgeborene, der Gott das Augenlicht zurückgab. Viele Wundertaten werden noch von der Heiligen erzählt. Ihr größtes Wunder blieb jedoch, dass sie den Zorn des Vaters zähmte.

Anhang

Zu den Heiligen und ihren Legenden

Die Legendenliteratur ist längst unübersehbar geworden. Für diesen Band mit Nacherzählungen wurde vor allem die klassische Sammlung „Legenda aurea" des Jacobus de Voragine verwendet. Richard Benz hat die Übersetzung aus dem Lateinischen im Verlag Lambert Schneider (Heidelberg, 10. Auflage 1979) besorgt. Ebenfalls herangezogen wurde „Das Passional", neu erschienen als „Das Leben der Heiligen" in einer Auswahl des Insel Verlages (Frankfurt am Main 1986). Hilfreich war ferner die Sammlung „Äpfel aus dem Paradies", die Georg Adolf Narciß im Ehrenwirth Verlag zusammengestellt hat (München 1965). Wer Legenden nacherzählt, sollte auch volkstümlich-erbauliche Schriften zu Rate ziehen. Für dieses Buch benützt wurde deshalb die umfangreiche, damals sehr populäre Sammlung „Legende von den lieben Heiligen Gottes", die Georg Ott „nach den besten Quellen" bearbeitet und bei Pustet herausgegeben hat (Regensburg 1864).

Auch in unserer Zeit gibt es wichtige Sammelbände, die bei der Zusammenstellung dieses Buches Verwendung fanden, so „Das große Hausbuch der Heiligen", hrsg. von Diethard H. Klein im Pattloch Verlag (Augsburg 1995), außerdem „Das große Buch der Heiligen" von Erna und Hans Melchers im Südwest Verlag (München 1978) und „Menschen und Heilige" von Karl Böck im Ludwig Auer Verlag (Donauwörth 1985).

Gute Dienste leisteten das Bändchen von Walter Nigg „Die stille Kraft der Legende" aus dem Verlag Herder (Freiburg im Breisgau 1982) sowie die beiden Bände „Fürchtet euch nicht" mit Weisheits- und Wundergeschichten aus zwei Jahrtausenden und „Ein Hauch vom Paradies" mit Tierlegenden. Beide Bände sind ebenfalls im Verlag Herder (Freiburg im Breisgau 1986 und 1987) erschienen. Erwähnenswert ist schließlich noch Max Bolligers Legendensammlung für Kinder „Wie Georg den Drachen bezwang" aus dem Verlag Herder (Freiburg im Breisgau 1994) sowie „Das kleine Legendenbuch" von Frank Jehle aus dem Benziger Verlag (Zürich 1983).

Die genannten Titel liegen inzwischen zum Teil auch in neueren Ausgaben vor. Bei der Beschäftigung mit den einzelnen Legenden/Heiligen fand darüber hinaus noch zusätzliche Literatur Verwendung. Einiges davon wird nachstehend zitiert.

Simeon (5. Januar)

Simeon ist eine der merkwürdigsten Gestalten in der Geschichte der Heiligen. Er wurde um 330 als Sohn christlicher Eltern geboren. Schon bald erregte er Aufsehen durch seine radikalen Buß- und Fastenübungen. Abt Heliodor von Telada musste ihn sogar bitten, das Kloster zu verlassen, da er um die Gesundheit der Brüder fürchtete, die Simeon nachahmen wollten. Um sich vor der Zudringlichkeit der Frommen zu schützen, aber auch weil er dem Himmel näher sein wollte, bestieg Simeon eine Säule. Dort blieb er dreißig Jahre lang – als Beter, Mahner und Schlichter in kirchlichen wie in weltlichen Angelegenheiten. Im Jahr 459 starb er auf dieser Säule. Bald darauf wurde über seinem Grab in Antiochia, zu dem die Pilger strömten, eine große Verehrungskirche errichtet.

Severin (8. Januar)

Der heilige Severin lebte während der Zeit der Völkerwanderung. Nach dem Tod Attilas (453) drangen Germanenstämme in die schon halb aufgegebenen römischen Provinzen an der Donau ein. Severin organisierte den Rückzug der Provinzbewohner in die befestigten Städte und bewahrte seine Schützlinge vor den schlimmsten Übergriffen. Er muss so beeindruckend gewesen sein, dass die germanischen Fürsten ihn voller Achtung behandelten. Severin, der auch die Gabe der Prophetie besaß, starb 482. Als Odoaker die römische Bevölkerung nach Italien zurückholte, nahmen Severins Mönche seine Gebeine mit. Begraben wurde der Heilige dann in Neapel, wo die

Mönche eine neue Heimat fanden. Vorsteher ihres Klosters war Eugippius, der Severin noch persönlich gekannt hatte und um 511 dessen Lebensbeschreibung verfasste. Sie ist eine der wichtigsten Quellen für diese unruhige Epoche, in der das Römische Reich endgültig zerfiel. Severin wird bis heute vor allem in Passau und in Oberösterreich (Enns – Lorch) verehrt.

Eugippius, Das Leben des Heiligen Severin, Nach der Übersetzung von Carl Rodenberg neu hrsg. von Alexander Heine, Phaidon (Essen und Stuttgart 1986)

Rudolf Zinnhobler (Text) und Erich Widder (Bilder), Der heilige Severin, Sein Leben und seine Verehrung, Oberösterreichischer Landesverlag (Linz 1982)

Sebastian (20. Januar)

Das ganze Mittelalter hindurch und noch in der Barockzeit gehörte Sebastian zu den volkstümlichsten Heiligen. Sein Name taucht erstmals in einem römischen Märtyrerkalender des Jahres 354 auf. Das Grab Sebastians in den Katakomben an der Via Appia wurde um diese Zeit bereits verehrt. Folgt man der Legende, so diente Sebastian dem Kaiser Diokletian (284–305). Seine Stellung als Befehlshaber der Leibgarde ermöglichte es ihm, den verfolgten Christen zu helfen. Die heroische Leidensgeschichte des Heiligen sollte allen Ängstlichen Mut machen. Gleichzeitig demonstrierte sie die Überlegenheit des neuen Glaubens. Gefesselt an einem Baum und durchbohrt von Pfeilen ist der Schmerzensmann Sebastian stärker als alle Feinde. Er fordert sogar den Kaiser heraus, der ihn besiegt – und doch nicht besiegen kann.

Meinrad (21. Januar)

Die älteste Lebensgeschichte Meinrads schrieb ein Mönch der Insel Reichenau. Er konnte für seine „Vita sive passio venerabilis heremitage Meginrati" noch Zeitgenossen des Heiligen befragen. Meinrad stammte vermutlich aus der Familie der Grafen Zollern und kam schon früh an die berühmte Klosterschule auf der Reichenau. Abt Erlebad, sein Onkel, schickte ihn nach der Priesterweihe in ein Klösterchen am oberen Zürichsee, das zur Reichenau gehörte. Am Fuße des Etzels verwirklichte Meinrad wenig später seinen Lebenstraum. Dort blieb er sieben Jahre als Einsiedler, bis er sich für weitere 26 Jahre noch tiefer in die Wildnis zurückzog. Am 21. Januar 861 – das Datum lässt sich anhand der Quellen erschließen – fiel er einem Raubmord zum Opfer. An der Stelle, wo er seine Klause errichtet hatte, steht heute die berühmte Benediktinerabtei Einsiedeln.

Dorothea (6. Februar)

Es gibt keine verbürgten Quellen, aus denen sich die Lebensdaten von Dorothea und die Umstände ihres Todes rekonstruieren ließen. Aber das bedeutet nicht viel in einer ohnehin quellenarmen Zeit. Wenn legendarische Erzählungen so früh einsetzen wie bei Dorothea, verweisen sie in der Regel auch auf einen historischen Kern des Geschehens. Die Märtyrerin dürfte um 305 während der Christenverfolgungen von Kaiser Diokletian hingerichtet worden sein. Ihre Geschichte lenkt den Blick über den Tod hinaus in das verheißene Paradies. Obwohl Rosen und Äpfel im Winter heutzutage kein Wunder mehr sind, ahnen wir doch, was in dem jungen Gerichtsschreiber vor sich ging. Am Schluss der Geschichte trägt er seinen Namen zurecht: Theophilus – Gottes Freund.

Patrick (17. März)

Patrick oder Patricius kam um 385 in Cornwall zur Welt. 401 wurde er von den Iren bei einem ihrer Raubzüge auf die grüne Insel verschleppt. Sechs Jahre diente er als Sklave eines Druiden und lernte so die religiöse Welt der Kelten kennen. In seinem Lebensbericht schildert er diese Zeit. Patrick konnte schließlich aus der Gefangenschaft entweichen und nach Gallien fliehen, wo er in Auxerre zum Priester und später auch zum Bischof geweiht wurde. Sein missionarischer Auftrag war gleichzeitig sein Lebenstraum: die Bekehrung der Iren. Begleitet von einem großen Gefolge kehrte er zurück auf die Insel. Trotz schwerer Auseinandersetzungen mit den Königen und ihren Druiden gelang es ihm, sein Missionswerk zu vollenden. Er gründete zahlreiche Schulen und Klöster und bildete Priester aus, die ihn unterstützten. Viele Wunderberichte zeigen, welchen tiefen Eindruck er auf die Iren gemacht haben muss. Als der Apostel Irlands 461 starb, hinterließ er eine blühende kirchliche Landschaft. Bald konnten die irischen Mönche dem Festland zurückgeben, was sie von dort bekommen hatten.

Georg (23. April)

In den alten griechischen Legendenhandschriften über den heiligen Georg ist der Drachenkampf noch nicht enthalten. Erst an der Schwelle zum Hochmittelalter begegnet uns der Heilige als Drachentöter. Wahrscheinlich haben ihn die Kreuzfahrer, die auf ihren Zügen durch Vorderasien ganz ähnliche Geschichten von Drachenkämpfen kennen lernten, mit diesem Motiv in Verbindung gebracht. Dadurch wurde er zu einem irdischen Nachfolger des Erzengels Michael. Die Gestalt des Drachen mit dem Feueratem verweist auf den zerstörerischen, verschlingenden Aspekt des Bösen. Das Böse kann auch in uns wachsen wie ein Schattenbruder (C.G. Jung). Indem die Menschen dem bösen Ungeheuer Macht über ihre Herzen einräumen, werden sie ihm immer ähnlicher. Erst Georg, der Friedensbote, befreit sie von der Angst und Unterdrückung. Seine Furchtlosigkeit erklärt sich aus seinem Gottvertrauen.

Sigrid Braunfels-Esche, Sankt Georg, Legende, Verehrung, Symbol, Verlag Georg D.W. Callwey (München 1976)

Erich Jooß, Georg kämpft mit dem Drachen, Bilder von Antonella Bolliger-Savelli, Patmos Verlag (Düsseldorf 1986)

Notker (7. Mai)

Notker Balbulus – Notker der Stammler, wie ihn seine Zeitgenossen nannten – hatte einen Sprachfehler; er stotterte. Trotzdem gehört er zu den großen Mönchsgestalten des frühen Mittelalters. Der Benediktiner aus St. Gallen dichtete und komponierte religiöse Lieder (Sequenzen, Hymnen). Außerdem übersetzte er antike Schriftsteller in die deutsche Sprache, die durch ihn „literaturfähig" wurde. Der Bibliothekar und spätere Leiter der Klosterschule war auch ein gesuchter Ratgeber. Sogar Kaiser Karl der Dicke wandte sich an ihn. Notker starb im Alter von über 80 Jahren am 8. April 912.

Kevin (6. Juni)

Kevin gehört zu den liebenswürdigsten Heiligengestalten Irlands. Er war Gründer und Abt des Klosters Glendalough. Von ihm sind besonders einfühlsame Legenden überliefert, die das enge, vertraute Verhältnis des Heiligen zu den Geschöpfen und zur Schöpfung schildern. Kevin ist 618, nach anderen Angaben 622, verstorben.

Joseph Bernhart, Heilige und Tiere, Verlag Ars Sacra Josef Müller (München 1937)

Norbert (6. Juni)

Der heilige Norbert stammte aus Xanten am Niederrhein, wo er wahrscheinlich 1085 zur Welt kam und später als Subdiakon und Stiftsherr über erhebliche kirchliche Pfründe verfügte. Im Jahr 1115 trat nach der Überlieferung die entscheidende Wende seines Lebens ein: In äußerster Gefahr, bei einem Unwetter, fasste er den Entschluss, der Welt den Rücken zu kehren. Er verteilte den Erlös seines Vermögens an die Armen, ließ sich zum Priester weihen und zog als Wanderprediger durch das Land. Im Tal von Prémontré gründete er ein Kloster, das spätere Mutterkloster des neuen Ordens der Prämonstratenser. 1126 wurde Norbert, obwohl er sich dagegen wehrte, zum Erzbischof von Magdeburg gewählt. Mit seinen Reformideen brachte er den hohen Klerus in seinem Bistum gegen sich auf; sogar einen Mordanschlag verübte man auf ihn. 1132 und 1134 begleitete er Lothar II. auf der Reise nach Rom. Dort setzte ihn der Kaiser als Erzkanzler für Italien ein. Bald nach seiner Rückkehr starb Norbert am 6. Juni 1134 in Magdeburg.

Kolumkil (9. Juni)

Der Heilige, oft als Apostel Irlands bezeichnet, wird auch unter dem Namen Kolumban der Ältere in den Quellen geführt. Er hat in Irland zahlreiche klosterähnliche Gemeinschaften gegründet. 563 landete er mit 12 Gefährten auf Iona, einer Insel vor der schottischen Küste. Von dort aus erfolgte die Christianisierung Schottlands. Legenden schildern die enge Verbundenheit Kolumkils mit den Geschöpfen und der Natur. Wie viele keltische Mönche der Frühzeit war auch Kolumkil ein Seher, ein sprachmächtiger Visionär.

Joseph Bernhart, Heilige und Tiere (siehe Kevin)

Antonius (13. Juni)

Antonius von Padua wurde 1195 – vielleicht auch schon 1188 – als Kind wohlhabender Eltern in Lissabon geboren und auf den Namen Fernandez getauft. Mit 15 Jahren trat er in das Augustinerchorherrenstift seiner Heimatstadt ein; zwei Jahre später wechselte er in das Stift von Coimbra. Damals erlitten fünf Franziskanerbrüder bei einer gescheiterten Mission in Marokko den Märtyrertod. Als der Sultan ihre Gebeine zurückgab, beteiligte sich das ganze Volk an der Beisetzung. Fernandez wurde davon so ergriffen, dass er sich den Franziskanern anschloss und fortan nach dem Schutzpatron ihres kleinen, armen Klösterchens in Coimbra den Namen Antonius trug. Sein Versuch, ebenfalls in Afrika zu missionieren, schlug fehl. Er erkrankte, ein Sturm trieb sein Schiff nach Sizilien ab. Italien wurde ihm nun zur neuen Heimat. Dort und in Südfrankreich zog er als Wanderprediger durch das Land und bekehrte zahlreiche Menschen, die sich den radikalen, antikirchlichen Armutsbewegungen der Katharer, Albigenser und Waldenser zugewandt hatten. Er wurde berühmt für den Schwung und das Feuer seiner Rede. 1231 starb er in der Nähe von Padua, wo er im Dom beigesetzt ist.

Paolo Scandaletti, Antonius von Padua, Volksheiliger und Kirchenlehrer, Verlag Styria (Graz 1983)

Die sieben Schläfer (27. Juni)

Bei dieser Mirakellegende handelt es sich um die christliche Adaption eines wesentlich älteren buddhistischen Erzählstoffes. Thema der Legende ist die Vergänglichkeit des Lebens. Ein paar Jahrhunderte währen nicht länger als der Traum einer Nacht. Die Zeugen des Wunders befällt – ebenso wie die zum Leben erwachten Bekenner – ein großer Schrecken: Denn sie spüren den Hauch der Ewigkeit.

Goar (6. Juli)

Goar war ein Wandermönch, der im 5. Jahrhundert vermutlich aus Südfrankreich an den Rhein kam. Dort bezog er eine Einsiedelei, aus der sich später der Ort St. Goar entwickelte. Bis heute ist die Verehrung für diesen „Christophorus des Rheins" lebendig. Folgt man der Legende, so wies er den Booten auf dem Rhein die richtige Fahrrinne und half auch, wenn er gebraucht wurde, als Lotse aus. In der Erinnerung des Volkes geblieben ist vor allem die Freigebigkeit, mit der er Pilger und Reisende an seinen Tisch einlud.

Benedikt (11. Juli)

Geboren wurde der heilige Benedikt um 480 in dem umbrischen Städtchen Norcia (Nursia). Seine Zwillingsschwester, die ihm unter allen Menschen am nächsten stand, war die heilige Scholastica. Papst Gregor der Große hat das Leben Benedikts im Zweiten Buch seiner Dialoge legendär nachgezeichnet: Ein Heiliger schrieb hier über einen anderen Heiligen. Benedikt wird zu Recht als „Vater" des abendländischen Mönchtums bezeichnet. Viele seiner Schüler schickte er zur Gründung von Klöstern aus. Auf seine Initiative ging auch die Errichtung von Montecassino zurück. Dort verfasste er die berühmten „Regulae Benedicti", die bis heute für den Orden der Benediktiner verbindlich sind. Die Wundertaten, die Papst Gregor von Benedikt berichtet, verweisen auf den charismatischen Charakter des Heiligen. Ihr zentrales Thema ist die Überwindung des Bösen, die Befreiung der Menschen aus ihrer inneren Gefangenschaft.

Gregor der Große, Leben des Benedictus, übers. und eingel. von Frits van der Meer und Gerard Bartelink, EOS Verlag (St. Ottilien 1979)

Alexius (17. Juli)

Die Legende vom heiligen Alexius könnte ihren Ursprung im Odysseus-Stoff haben: Wie der antike Sagenheld kommt auch Alexius nach langer Irrfahrt heim und lebt unerkannt als Bettler in seiner Familie. Bis heute bewahrt diese Heiligengeschichte ihr Geheimnis. Wer sie rational ausdeutet (oder sich vorschnell über sie empört), scheitert an ihr. Der Alexius-Kult gelangte im 10. Jahrhundert aus dem Orient nach Rom und erfuhr damals weite Verbreitung im Abendland.

Christophorus (24. Juli)

Die Legende vom wilden Mann Christophorus war ursprünglich eine Passionsgeschichte. Beeinflusst wohl durch die bildhafte Ausdeutung seines Namens wandelte sich der hundsköpfige Riese dann im 12. Jahrhundert zum Fährmann am Strom, dem Christusträger. Jetzt erst konnte die berühmte Legende entstehen von dem Menschen, der sich auf die Heilssuche begibt. Sein Weg führt ihn zunächst in die Dunkelheit und Irre, bis er einem Einsiedler begegnet. Ganz am Ende seiner Suche tritt ihm der mächtigste aller Herren in der Gestalt eines hilflosen Kindes gegenüber. Die Glaubensgeschichte vom Riesen Christophorus verkündet eine radikale, christliche Umkehrung der Werte. In der tiefsten Verlassenheit, mitten im Strom, als schon die Wellen über ihm zusammenschlagen, spürt Christophorus plötzlich festen Boden unter den Füßen. Der ehemalige Knecht des Bösen hält nun den Lebensstab in Händen. Das dürre Holz – es trägt Früchte.

Gertrud Benker, Christophorus, Patron der Schiffer, Fuhrleute und Kraftfahrer, Verlag Georg D.W. Callwey (München 1975)

Erich Jooß, Christophorus, illustr. von Herbert Holzing, Verlag Herder (Freiburg im Breisgau 1987)

Dominikus (8. August)

Der heilige Dominikus stammte von dem alten spanischen Geschlecht der Guzman ab. Er wurde wahrscheinlich 1170 geboren und wuchs in einer Epoche radikaler Armutsbewegungen heran. Wie Franziskus, der zur gleichen Zeit in Italien durch seine Lebensweise Aufsehen erregte, wollte auch er ohne Macht und Glanz wirken. Ein barfüßiger Bettler, so durchzog er die unruhigen, von der Kirche abtrünnigen Gebiete. 1215 gründete er einen Predigerorden, der bald schon gebildete, geistig vorausschauende Theologen anzog. Es waren Dominikaner wie Albertus Magnus oder Thomas von Aquin, deren Gedanken das mittelalterliche Weltbild erweiterten und auf eine neue Grundlage stellten. Sie öffneten die verkrusteten Universitäten für die griechische, christlich gedeutete Philosophie und für jüdisch-arabische Naturanschauungen. Noch kurz vor seinem Tod unternahm Dominikus eine große Predigtreise zu den Waldensern in der Lombardei. Schwer krank wurde er im August 1221 nach Bologna gebracht. Weil er keine eigene Zelle besaß, legte er sich zum Sterben in der Zelle eines Mitbruders nieder.

Dominikus, hrsg. und eingel. von Vladimir J. Koudelka, Reihe: Gotteserfahrung und Weg in die Welt, Walter-Verlag (Olten 1983)

Laurentius (10. August)

Unter den vielen frühchristlichen Märtyrern wird Laurentius bis heute die größte Verehrung entgegengebracht. Er war vermutlich der oberste Diakon (Archidiakon) des Papstes Sixtus II. Das Amt des Diakons findet bereits in der Apostelgeschichte Erwähnung. Damals wählte die Gemeinde von Jerusalem sieben Männer von gutem Ruf, denen der Dienst an den Tischen übertragen wurde: ein sozialer Dienst! Stephanus, der erste Märtyrer des Christentums, zählte zum Kreis dieser Diakone, denen vor allem die Hilfe für die Armen und die Verwaltung des Kirchenvermögens oblag. Laurentius soll zu den Folterknechten, die ihn auf einem eisernen Rost festbanden und darunter ein Feuer anzündeten, trotz aller Qualen gesagt haben: „Die eine Seite ist nun gebraten, wendet mich deshalb auf die andere Seite."

Rochus (16. August)

Der Legende von Rochus begegnen wir erst sehr spät als Trostgeschichte in der trostlosen Pestzeit. Historisch gesicherte Daten für den Heiligen gibt es jedenfalls nicht. Das Konzil von Konstanz (1414 bis 1418) anerkannte die Verehrung von Rochus. Im ganzen Abendland entstanden damals Bildsäulen mit dem Heiligen und nach ihm benannte Spitäler. Bis weit in die Barockzeit hinein galt er – ähnlich wie der heilige Sebastian – als Pestpatron. Er wird im Pilgergewand und mit Pilgerstab dargestellt. Eine Hand des Heiligen weist auf die Pestbeule an seinem Oberschenkel; der Hund neben ihm trägt ein Brot im Maul.

Klaus Bergdolt, Der Schwarze Tod in Europa, Die Große Pest und das Ende des Mittelalters, C.H. Beck'sche Verlagsbuchhandlung (München 1994)

Bernhard (20. August)

Bernhards Vater war ein burgundischer Ritter, dem das Schloss Fontaines bei Dijon gehörte. Dort wurde er 1091 geboren. Zusammen mit vier seiner Brüder und dreißig weiteren Männern trat er, kaum zweiundzwanzig Jahre alt, in das Zisterzienserkloster Cîteaux ein. Drei Jahre später wurde er ausgesandt, um ein Tochterkloster in Clairvaux zu errichten. Während seiner Zeit als Abt erfolgte aus Clairvaux die Gründung von insgesamt 68 Klöstern. Bernhard erhielt den Beinamen „der honigfließende Lehrer", weil er wie kein anderer über die Macht des Wortes gebot. Er gehörte zu den großen Briefeschreibern und stand in einem regen Gedankenaustausch mit den Mächtigen seiner Zeit. Immer wieder wurde er gerufen, um Zwistigkeiten zu schlichten. Neben und trotz seiner rastlosen Tätigkeit war er auch ein visionärer Mystiker und ein Dichter, der die schönsten Marienlieder des Mittelalters verfasst hat. Papst Eugen III., einst sein Schüler in Clairvaux, ernannte ihn zum Kreuzzugsprediger. Als der Kreuzzug in katastrophalen Niederlagen endete, wurde Bernhard dafür verantwortlich gemacht. Das belastete ihn bis zu seinem Tod am 20. August 1153.

Bernhard von Clairvaux, hrsg., eingel. und übers. von Bernardin Schellenberger, Reihe: Gotteserfahrung und Weg in die Welt, Walter-Verlag (Olten 1982)

Ägidius (1. September)

Der heilige Ägidius (St. Gilles in Frankreich, bei uns auch St. Ilgen oder Gilgen) gehört zu den 14 Nothelfern. Jacobus de Voragine spricht in den „Legenda aurea" von der königlichen Herkunft des Heiligen und nennt Athen als Geburtsort. Vermutlich lebte Ägidius am Anfang des 8. Jahrhunderts als Einsiedler im Mündungsgebiet der Rhône. Dort liegt auch seine Grabstätte in der Abtei Saint-Gilles. Während der Zeit der großen Pilgerzüge war das Kloster ein vielbesuchter Rast- und Wallfahrtsort auf dem Weg nach Santiago de Compostella.

Hieronymus (30. September)

Der Heilige wurde in der Mitte des vierten Jahrhunderts in Dalmatien geboren. Seine Eltern waren reiche Christen. Ihr Sohn erhielt in Rom, wo er Grammatik, Rhetorik und Philosophie studierte, eine umfassende Ausbildung. Hieronymus gehörte zu den leidenschaftlichsten Lesern unter den Heiligen. Er besaß eine große Bibliothek. Seine Fähigkeit, sich fremde Sprachen anzueignen, trug ihm die Bewunderung der Zeitgenossen ein. In der Einsamkeit der syrischen Wüste lernte er Hebräisch, schrieb zahlreiche Briefe und verfasste Bücher. Auf die Dauer kam er jedoch mit der menschenfernen Lebensweise eines mönchischen Einsiedlers nicht zurecht. Als er nach Rom zurückkehrte, ernannte ihn Papst Damasus I. zu seinem Sekretär und betraute ihn mit der Aufgabe einer Neuübersetzung der griechischen und hebräischen Urtexte der Bibel in das Lateinische („Vulgata"). Für das Riesenwerk beschäftigte er viele Schreiber. Nach dem Tod des Papstes vollendete er es in jahrzehntelanger Arbeit in Palästina. Dort wurde Betlehem zu seiner „Altersheimat". Hieronymus war ein streitbarer Heiliger, der Missstände in der Kirche schonungslos anprangerte und großen Einfluss auf Frauen wie die heilige Marzella und die heilige Paula hatte. Er verstarb 420. Die Geschichte vom Löwen ist eine der liebenswertesten Heiligenlegenden. Sie handelt von der Gerechtigkeit und vom Vertrauen. Zwischen dem (Raub-)Tier und dem Heiligen besteht ein geheimnisvolles Einfühlen. In der Gegenwart des Heiligen ist die Schöpfung, so scheint es, bereits eine paradiesisch verwandelte...

Franziskus (4. Oktober)

Es gibt viele Geschichten, die das innige Verhältnis von Franziskus zu den Geschöpfen schildern. Die wohl berühmteste unter ihnen – die Geschichte des grimmigen Wolfes von Gubbio – entstammt den „Fioretti", einer besonders populären Legendensammlung aus der umbrischen Heimat des Heiligen, niedergeschrieben vom Ordensbruder Hugolino. „Die Blümlein des heiligen Franziskus von Assisi" belegen, wie sehr der Heilige schon während seines Lebens vom Volk geliebt wurde. Die Wolfsgeschichte ist auf den ersten Blick eine noch recht mittelalterlich anmutende Vertragsgeschichte. Aber dahinter steht das großartige Bild einer Menschenwelt, „in der keiner dem anderen ein Wolf mehr ist" (Adolf Holl). Julien Green verweist in seiner Franziskus–Biographie darauf, dass der Wolf seinerzeit in einer dem Heiligen geweihten Kapelle begraben worden sei. Beim Abheben einer Steinplatte im Jahr 1873 sei sein Schädel aufgefunden worden – ein Hinweis darauf, dass die Legende einen historischen Hintergrund gehabt hatte.

Die Blümlein des heiligen Franziskus von Assisi, aus dem Italienischen von Rudolf G. Binding, Insel Verlag (Frankfurt am Main 1973)

Adolf Holl, Der letzte Christ – Franz von Assisi, Deutsche Verlags-Anstalt (Stuttgart 1979)

Julien Green, Bruder Franz, Verlag Herder (Freiburg im Breisgau 1984)

Wolfgang (31. Oktober)

Der dreizehnte Bischof von Regensburg war einer der großen geistlichen Reichsfürsten. Damals mussten die Bischöfe Heeresfolge leisten, also Soldaten stellen und auch selbst ins Feldlager ziehen. Aber Wolfgang war alles andere als ein Kriegsherr. Im Gegensatz zu den anderen Bischöfen stammte er aus kleinen Verhältnissen und wäre lieber ein beschaulicher Mönch hinter Klostermauern geblieben. Stattdessen wurde er zum Kirchenreformer und Fürstenerzieher, den das Volk schon zu Lebzeiten wegen seiner Bescheidenheit und Hilfsbereitschaft verehrte. Für seine menschliche Größe sprach auch, dass er das Missionsgebiet Böhmen aus der Diözese Regensburg entließ und so die Errichtung eines eigenen Bistums in Prag ermöglichte. Verbürgt sind seine Worte dazu: „Gerne opfere ich mich und das Meinige, damit die Kirche dort erstarke und das Haus des Herrn festen Boden gewinne." Wolfgang starb am 31. Oktober 995.

Hans Schachtner, Wolfgang, illustr. von Alexandra Schober, Matthias-Grünewald-Verlag (Mainz 1964)

Martin (11. November)

Über Martin wissen wir sehr genau Bescheid. Sulpicius Severus hat den Hauptteil seiner Lebensgeschichte noch vor dem Tod des Heiligen verfasst. Dafür stellte er umfangreiche Nachforschungen an, er lernte den Heiligen auch noch selbst kennen. Sein Werk wurde zu einem der beliebtesten Erbauungsbücher des Mittelalters. In Legendenmanier und doch sehr nahe an der Historie schildert er das Ideal eines Mönchsbischofs. Den späteren gallisch-fränkischen Nationalheiligen wählten die Gläubigen gegen heftigen Widerstand der Vornehmen zum Bischof. Mit seinem armseligen Gewand und den ungepflegten Haaren glich er so gar nicht den kirchlichen Würdenträgern. Sein Leben war – bis hinein in die Wundertaten, beispielsweise die Dämonenaustreibungen – von der Nachfolge Christi bestimmt. Es diente als Vorlage für viele ähnlich erzählte Heiligenviten und hinterließ in der abendländischen Frömmigkeitsgeschichte unübersehbare Spuren. Martin starb 397. Sein Grab in Tours wurde zu einem der beliebtesten Wallfahrtsorte des Mittelalters.

Martin von Tours, Der Lebensbericht von Sulpicius Severus, hrsg. von Joachim Drumm, übertr. von Wolfgang Rüttenauer, Schwabenverlag AG (Ostfildern 1997)

Regine Schindler, Martinus teilt den Mantel, illustr. von Hilde Heyduck-Huth, Reihe: Religion für kleine Leute, Verlag Ernst Kaufmann (Lahr 1985)

Albert (15. November)

Albertus Magnus (der Große), wie er schon von seinen Zeitgenossen genannt wurde, kam wahrscheinlich 1193 in der schwäbischen Kleinstadt Lauingen zur Welt. Er trat in den Orden der Dominikaner ein und wirkte, beauftragt vom Orden, als Lehrer in Straßburg, Paris, Köln und an vielen anderen Orten. Als erster christlicher Denker des Mittelalters hat er die Brücke zur Philosophie von Aristoteles geschlagen und sich mit deren Überlieferung durch jüdische und arabische Gelehrte beschäftigt. Zwei Jahre war er auch Bischof von Regensburg. Er ließ aufhorchen durch seine naturwissenschaftlichen Experimente. Bei vielen Streitigkeiten zwischen den Mächtigen wurde er als Friedensstifter geholt. Am 15. November 1280 starb Albert im Alter von 87 Jahren.

Elisabeth (19. November)

Als Vierjährige wurde die ungarische Prinzessin Elisabeth mit dem elfjährigen Grafen von Thüringen verlobt und auf die Wartburg gebracht. Dies war ihre erste Entwurzelung, der noch weitere folgen sollten. Die aus dynastischen Gründen eingefädelte Heirat mit dem Landgrafen entwickelte sich zur Verwunderung der Zeitgenossen zu einer spontanen, herzlichen Liebesgeschichte. Elisabeth blieb in vielem, was sie tat, ihrer Umgebung rätselhaft und fremd. Sie lebte in der Nachfolge von Franziskus und dürfte den Armutsbewegungen des hohen Mittelalters nahe gestanden sein. Als Pfalzgraf Ludwig auf dem Kreuzzug umkam, verstieß sie der Nachfolger mit ihren Kindern aus der Wartburg: die zweite, große Entwurzelung. Von dem mühsam erstrittenen Erbe ließ sie ein Spital erbauen und widmete sich in der Folgezeit fast ausschließlich der Pflege Kranker und Aussätziger. Im Rahmen der Legendenerzählung konnte nicht auf die problematische Rolle eingegangen werden, die der Inquisitor und Seelenführer Konrad von Marburg für Elisabeth spielte. 1231 verstarb die Heilige im Alter von 24 Jahren. Schon bald nach ihrem Tod setzte die große Verehrung des Volkes, der Fürsten und sogar des Kaisers für sie ein.

Elisabeth von Thüringen, hrsg. und eingel. von Walter Nigg, Reihe: Heilige der ungeteilten Christenheit, dargest. von den Zeugen ihres Lebens, Patmos-Verlag (Düsseldorf 1963)

Das Leben der heiligen Elisabeth, Von einem unbekannten Dichter aus dem Anfang des 14. Jahrhunderts, aus dem Mittelhochdeutschen übers. und hrsg. von Manfred Lemmer, Verlag Styria (Graz 1981)

Ernst W. Wies, Elisabeth von Thüringen, Die Provokation der Heiligkeit, Bechtle Verlag (Esslingen 1993)

Korbinian (20. November)

Um 680 wurde Korbinian in der Gegend von Arpajon bei Paris geboren, wo er zunächst ein Leben als Einsiedler führte. Papst Gregor II. weihte Korbinian in Rom zum Bischof und sandte ihn als Missionar zurück in seine Heimat. Auf seiner zweiten Romreise kam Korbinian um 724 nach Bayern. Der fränkische Glaubensbote richtete in Weihenstephan, unweit des Freisinger Herzoghofes, eine klösterliche Gemeinschaft ein. Er trat mit großem Selbstbewusstsein auf und wich keinem Streit aus. Korbinian starb vermutlich 730. Sein dritter Nachfolger auf dem Bischofsstuhl, Arbeo, hat vier Jahrzehnte später Korbinians Lebensgeschichte niedergeschrieben. Er kannte noch Gefährten des Heiligen und vermochte so, trotz der Entlehnung von Wundergeschichten aus anderen Legenden, Korbinians Wirken sehr anschaulich-konkret zu schildern. Die Bärenlegende ist allerdings eine spätere Zutat – eine typische Wanderlegende, die auch bei anderen Heiligen auftaucht, beispielsweise bei dem Trientiner Volksheiligen Romedius.

Ein Segen für das Land, Der heilige Korbinian, Bischof in Freising, hrsg. von Peter Pfister, Verlag Sankt Michaelsbund (München 1999)

Katharina (25. November)

Das Jahr 313 war ein Schicksalsjahr des Christentums. Damals besiegte Kaiser Konstantin seinen Mitkaiser Maxentius an der Milvischen Brücke in Rom. Konstantin triumphierte im Zeichen des Kreuzes – die Verfolgungen der Christen nahmen damit ein Ende. Maxentius war aus Ägypten nach Rom gezogen. Er wollte die alten römischen Götter wieder in ihr Recht einsetzen und hat die Christen vor allem in Alexandria mitleidlos verfolgt. In dieser Zeit und in dieser Stadt ist die Legende von der schönen, mutigen Königstochter Katharina angesiedelt: eine christliche Emanzipationsgeschichte, deren Frauenbild überraschend modern und selbstbewusst anmutet. Katharina (= die allzeit Reine) lässt sich nicht korrumpieren, auch nicht durch die Aussicht, Kaiserin zu werden. Sie ist den Männern weit überlegen durch ihr Wissen und vor allem durch ihren Glauben. In der Volksüberlieferung gibt es einen Merkvers: „Margareta mit dem Wurm, Barbara mit dem Turm, Katharina mit dem Radl, das sind die drei heiligen Madl."

Barbara (4. Dezember)

Die Barbaralegende, eine christliche Urlegende, widerspiegelt auf ihre Weise die Situation der verfolgten Kirche. Die standhafte Tochter eines reichen Kaufmannes sollte den bedrängten Christen durch ihr Verhalten Mut zusprechen. Sie ist eine „Märtyrerin vom unzerstörbaren Leben". Wenn sogar die Folterspuren auf ihrem Körper über Nacht verheilen, deutet dies auf ihre innere Unverletzlichkeit hin, aber auch voraus auf die versprochene Auferstehung des Leibes. Viele Motive der Legende reichen weit in die (Märchen-)Überlieferung hinein: beispielsweise das Motiv des Bannfluches für den verräterischen Hirten oder das Motiv der bergenden Höhle. Der Turm, der Himmel und Erde verbindet, ist der Ort, an dem Barbara zu sich selbst erwacht. Mit dem dritten Fenster holt sie das Licht des Glaubens in ihr Gefängnis. Nur wenige Legenden können es bei ihren Bildern mit dem Reichtum der Barbaralegende aufnehmen, die der männlichen Welt des Habenwollens eine Absage erteilt.

Helmut Eberhart, Hl. Barbara, Legende, Darstellung und Tradition einer populären Heiligen, Verlag für Sammler (Graz 1988)

Erich Jooß, Die Heilige mit dem Turm, in: Im Dialog mit Texten, hrsg. von Hermann Kirchhoff und Margot Saller, Verlag Ludwig Auer GmbH (Donauwörth 1989)

Nikolaus (6. Dezember)

Bis heute ist unser Bild eines Bischofs ganz wesentlich geprägt durch den heiligen Nikolaus. Die frühesten Zeugnisse des Nikolauskultes deuten darauf hin, dass es tatsächlich einen Bischof dieses Namens im 3. oder 4. Jahrhundert in Myra gegeben haben könnte. Die Legende vom Kornwunder erinnert an die biblische Speisung der Fünftausend durch die wunderbare Brot- und Fischvermehrung. Aber die Legende reicht in ihrer Botschaft noch darüber hinaus. Sie verspricht: Was wir den Armen geben, erhalten wir zurück. Wenn wir schenken, werden wir beschenkt.

Erich Jooß, Nikolaus, Geschichten aus seinem Leben, illustr. von Herbert Holzing, Echter Verlag (Würzburg 1995)

Werner Mezger, Sankt Nikolaus, Zwischen Kult und Klamauk, Schwabenverlag AG (Ostfildern 1993)

Ottilie (13. Dezember)

Die heilige Ottilie (Odilia) wird bei Augenleiden angerufen. In ihren bildlichen Darstellungen trägt sie als Attribut (Kennzeichen) zwei Augen auf einem Buch. Damit wird an die berühmte Taufszene erinnert: Als Bischof Erhard aus Regensburg die Augenlider des blinden Mädchens salbt, sieht Ottilie plötzlich. Die Getaufte wird durch die Taufe sehend – das ist ein altes, zentrales Motiv der christlichen Frömmigkeitsgeschichte. Auch das Quellwunder gehört in diesen Zusammenhang: Wer aus der (Glaubens-)Quelle trinkt, dem wachsen neue Lebenskräfte zu. Ottilie, die Schutzherrin des Elsass, war Tochter eines Herzogs. Ihr väterliches Schloss Hohenburg wandelte sie um in ein Kloster, das später ein beliebter Wallfahrtsort wurde und ihren Namen (Odilienberg) trägt. Außerdem errichtete sie ein weiteres Kloster am Fuße des Berges. Beiden Klöstern stand sie bis zu ihrem Tod – vermutlich im Jahr 720 – als Äbtissin vor.